인문학시민강좌 07

동아시아의 문자와 책

인하대학교 한국학연구소 편

이 책은 2007년 정부(교육과학기술부)의 재원으로 한국연구재단의 지원을 받아 수행된 연구임(KRF-2007-361-AM0013)

인하대학교 한국학연구소는 1986년 설립된 이래 어학, 문학, 역사, 철학, 종교, 문화를 중심으로 한국학의 제반 학문분야에 대한 연구를 꾸준히 수행해 왔습니다. 특히 2007년부터는 '동아시아 상생과 소통의 한국학(Koreanology for East-Asia Community)'이라는 아젠다(Agenda)를 가지고 공동연구를 진행하고 있습니다. 우리 연구소는 이러한 아젠다를 인천지역 시민과 소통하기 위해 연구소의 연구역량을 모아 2009년 하반기부터 〈인천시민인문학강좌〉를 개설·운영하고 있습니다. 본 강좌는 우리 연구진의 비판적 문제의식을 제시하고 시민과 함께 호흡하면서 인문학의 사회적 소통을 도모하고자 기획한 것입니다.

이번에 내놓는 〈인문학시민강좌 07〉는 2015년과 2016년 두 차례에 걸쳐 진행한 〈인천시민인문학강좌〉의 성과를 묶은 것입니다. 두 차례의 강좌는 2015년 인천시가 "2015 세계 책의 수도"로 선정되었을 뿐 아니라, "국립세계문자박물관" 건립지로 선정된 것을 기념하여 그에 적합한 주제로 기획하였습니다.

2015년 강좌는 "동아시아의 소통과 책"이라는 주제였는데, 책은 지식을 담아냄은 물론 그 지식이 타자와 소통되는 가치를 지닙니다. 특히 인적 교류 시스템이 불편했던 전근대사회에 있어서 책이 지니는 교류·소통의 의미는 적지 않았으며, 이는 동아시아 사회에서도 마찬가지였다고 봅니다.

2016년 강좌는 주제를 "동아시아 문자의 전통과 특성"으로 기획하였는데, 동아시아는 역사적으로 중국 한자漢字 문화의 영향을 밀접하고 광범위하게 받아온 것은 부인할 수 없는 사실입니다. 그럼에도 불구하고 일부 국가 및 민족의 경우 한자를 변형하거나 한자와는 그 체계가 다른 고유의 문자를 사용하기도 하였습니다.

위 두 강좌의 내용은 제1부(동아시아 문자의 전통과 특성)와 제2부(동아시아의 소통과 책)로 나누었습니다. 제1부에서는 중국 내에서 굳건히 고유의 전통을 이어나가고 있는 나시족納西族(Nahsi)의 동파東巴 문자, 한동안 중국에서 공용문자로 사용되다 국가의 소멸과 함께 사라진 만주滿洲 문자, 그리고 우리말과 다른 한자를 사용하는 불편을 해결하기 위해 한자를 빌려서 우리말을 적은 이두吏讀·향찰鄕札·구결口訣 등을 소개하였습니다.

제2부에서는 12세기 초 송宋 사신 서긍徐兢이 고려를 방문하고 남긴 『고려도경高麗圖經』, 조선시대 대일 외교의 최고 지침서였던 신숙주申叔舟의 『해동제국기海東諸國記』, 15세기 후반 중국 강남江南에 표류하여 여행 경험을 기록한 최부崔溥의 『표해록漂海錄』, 조선 후기 중국을 방문한 사절단이 남긴 『연행록燕行錄』을 색다른 시각에서 접근한 글, 그리고 중국 청대淸代의 서적 간행 사업과 조선의 적극적 관심(서적 수입 노력)을 짚어본 글이 수록하였습니다. 따라서 이 책을 통해 문자 생성과 활용의 의미, 책이 가지는 동아시아 인人·문文·물物적 소통사의 의미를 살펴볼 수 있을 것입니다.

강좌뿐 아니라 이 책의 기획과 간행의 모든 과정은 본 연구소의 임학성 교수가 맡았으며, 강좌가 성공적으로 개설·진행된 데에는 인천광역시립박물관의 적극적인 협력이 없었으면 불가능했습니다. 특히 강좌 진행을 위해 애써준 본 연구소의 손민환 연구원, 인천광역시립박물관의 신은영 학예연구사께도 감사의 말씀을 전합니다.

또한, 어려운 출판 상황에서도 인문학 발전에 기여코자 하는 일념으로 꾸준히 〈인문학시민강좌〉를 출판해 주는 글로벌콘텐츠 홍정표 대표이사님과 편집팀에게도 감사를 드립니다.

모쪼록, 이번 교양총서가 동아시아의 문화 원류와 소통의 의미를 살펴보는 데 일조할 수 있기를 기대합니다.

2017년 7월

인하대학교 한국학연구소

소장 이봉규

contents

제1부
동아시아 문자의
전통과 특성

그림으로 기록한
중국 나시족의
동파東巴문자

정동규

서울대학교에서 독어학 전공으로 문학박사 학위를 받았다. 의미, 인지, 문자 등에 관심을 가지고 많은 연구 성과를 축적해 왔다. 한국독어학회에서 회장을 역임하고 현재 가천대학교 유럽어문학과 교수로 재직 중이다.
주요 논저로는 『독일의 광고와 언어』(2006), 『기술문서작성 원칙과 실제』(2007), 「인지언어학적 명제분석과 기술문서의 가독성」(2009), 「동파문의 문자적 특징」(2011), 「납서의 유래와 의미」(2013) 등이 있다.

그림으로 기록한
중국 나시족의 동파東巴문자

1. 들어가기: 왜 동파문자인가?

    오늘날 나시족[1]을 주목하는 것은 이 민족이 지닌 문화적 특징, 그중에서도 특히 동파문자라는 상형성에 기반한 독특한 문자적 특성에 기인한다. 정보전달에 있어서 오늘날 문자적 환경은 다양한 변화를 겪고 있다. 첫째, 매체적으로는 인터넷이나 정보통신 장치의 발달이 이루어지고 둘째,

---

    1) 이때 '나시'란 한자 納西를 현지어로 발음한 것(納na 西ɕɪ)으로, 이들을 일컫는 여러 이름이 있음에도 불구하고 오늘날 '納西'로 부르는 주요 원인은, 1954년 중국 국무원이 소위 '民族依願' 또는 '名从其主', 다시 말해서 해당 민족이 원하는 바에 따른다는 원칙에 따라 이 소수민족의 요구대로 納西族으로 비준한 것에서 비롯되었다. 他稱으로는 麽些, 摩些, 磨些/沙 등 다양한 이름이 있다.

내용적으로는 정보나 지식의 과잉생산과 대량유통이 나타나고 있으며 셋째, 소통적으로는 정보전달의 고집적화와 이해의 신속성이 요구되고 있다. 다시 말해서 구어에 대한 2차 언어로서 문어는 단순한 기록을 넘어서는 다양한 기능을 요구받았고, 이것은 문자적 표현방식의 다양화를 초래하였다. 그 결과, 'pixel(picture + element)', 'bit(binary + digit)', '에듀테인먼트(에듀케이션 + 엔터테인먼트)'와 같은 혼합어나, 'afk(Away from keyboard)', 'cu(See you)', 'j/k(Just kidding)', 'GRD ASKY'(그래도 안 생겨요)와 같은 두자어 외에도 '근자감(근거 없는 자신감)', '넘사벽(넘을 수 없는 사차원의 벽)', '제곧내(제목이 곧 내용)' 등의 축약어나 '＊_＊(환호)', '-_-;;(당황)', '*^-^*(웃음)', 's(￣へ￣)z(흥!! 나 삐져따!)' 등의 이모티콘을 활용한 표현, 심지어 변형된 음성문자로서 '火끈하고 辛나게', '래미안', '언니스', '#G'와 같은 새로운 표현방식에 대한 열망이 나타나게 되었다. 이것은 표현과 이해에 있어서 종래의 문자적 특성을 넘어서는 것으로, 동파문자는 바로 이러한 매체적 특성에 부합하는 시각적 도상성 내지 상형성을 보여주고 있다는 점에서 오늘날 각별히 주목할 만하다.

2. 나시족

J. F. Rock의 백과사전적 사전(1963)과 1996년 운남성 대지진은 나시족을 세상에 알려주는 중요한 계기가 되었다. 먼저 오스트리아 식물학자인 Rock(1884-1962)은 수만 개의 식물표본과 약 2,000개의 조류 박제 이외에도 나시족 문자를 수집하여 이를 최초로 사전으로 편집하였고 그들의 많은 종교의식들을 번역하였다. 1921년부터 1923년 사이 태국 치앙마이에서 리장까지의 여행을 기록한 여행일기와 더불어 특히 나시족과 나시어에 대한 그의 백과사전적 사전에는 나시족과 그들의 문자에 대한 많은 정보가 수록됨으로써 그들의 이름과 문화를 외부에 알리게 되었다. 그러나 보다 직접적인 계기는 1996년 나시족의 주요 거주지인 리장2)에 덮친 운남성 대지진이었고, 복구과정에서 나시족의 문화와 문자에 대한 관심이 해외뿐 아니라 중국내에서도 고조되었다.

---

2) 리장(麗江)은 漢唐 이후 티벳-인도 남방 비단길인 茶馬古道의 교통 요지이고, 12개 소수민족 거주(그중 나시족 23%, 이족 20%)하며, 宋末元初 古城이 유네스코 세계분화유산(1997년)으로 등록되어 있다.

〈사진 1〉 나시족 주요 거주지, 리장

1) 나시족의 기원

나시족의 기원에 대한 언급은 우선 동파경3) 창세사 중 삼형제 신화에서 찾을 수 있다. 이 신화에 따르면, 인류사회의 초기에는 사람들이 형제혼을 실행하였는데, 이것은 천지의 법도를 더럽혔으며 신령을 격노하게 만들어 홍수가 하늘에까지 넘칠 지경이 되어 인류를 멸망시킬 재앙으로 다가왔다. 이에 인류의 조상인 崇忍利恩4)은 신령을 온갖 정

---

3) 東巴經은 종종 명칭으로만 판단하여 나시족의 종교로 불리는 동파교의 경전으로 소개되는 경우가 많지만, 오히려 동파경은 종교경전이라기 보다 나시족의 역사나 신화, 제례, 의식, 풍습 등을 포함한 종합적인 인종지적 또는 민속지적 기록물에 해당한다.

성으로 모시었고 천녀 衬恒襲白을 사랑하게 되었다. 그 후 천녀는 학으로 변하여 崇忍利恩을 데리고 천국에 갔다. 이 때 崇忍利恩은 하늘아버지에게 9번 결혼을 청하고 나서야 드디어 천녀를 아내로 맞이할 수 있게 되었다. 그들은 하늘에서 인간세계로 이사한 후 가정을 이루었고, 함께 생활하며 열심히 일을 하였다. 그러나 그들은 후대를 가르칠 것이 아무 것도 없음을 깨닫고 하얀 박쥐와 누런 개를 하늘로 보내 가르침을 구하였다. 그러고 나서 후에 아들 3명을 두었지만 정작 이 세 아들은 말을 할 줄 몰랐다. 그래서 또다시 하얀 박쥐와 누런 개를 하늘로 보내 가르침을 구하였고, 돌아와 天父地母와 柏舅에게 제사를 지내니, 3명의 아들들이 각자 말을 하게 되었다. 첫아들은 장족어를 말하여 후에 장족의 선조가 되었고, 둘째는 나시어를 말하여 후에 나시족의 선조가 되었으며, 셋째는 백족어를 하여 후에 백족의 선조가 되었다. 이런 이유로 인류의 조상인 崇忍利恩과 천녀는 장족과 나시족 그리고 백족의 공동조상이 되었고, 나시족은 장족을 형, 백족을 동생으로 여기게 되었다. 그 후 나시족은 오랫동안 장족, 백족을 이웃 삼아 서로 교류하며 함께 발전하였다.

---

4) 오히려 나시족 창세신화에서 나시족의 제1대 조상은 美利董孜이고, 崇忍利恩은 제2대 조상이지만, 각지의 나시속은 崇忍利恩을 공동조상으로 삼고 있다.

그러나 여기에서 언급한 것 외에 이 신화를 포함해서 나시족 자신의 기록물인 동파경에는 그들의 선조가 어떤 지역에서 유래하여 오늘날의 거주지에 이르렀는지에 대한 명확한 기록이 어디에도 없다. 따라서 직접적인 증거 없이 오늘날 이에 대한 몇몇 견해가 존재할 뿐이다. 먼저 方国瑜(1981)에 따르면, 나시족은 아주 오랜 옛날 중국 서북부 하황지대에 거주하던 羌人이 이동하여 남으로는 岷江 상류, 서남으로는 雅砻江 유역, 서로는 金沙江 상류 동서지대에 이르렀다고 보았다. 또한 古漢籍도『史記』의 "西南夷",『後漢書』의 "牦牛夷[越嶲羌]",『華陽國志』의 "摩沙夷",『蠻書』의 "磨些蠻", "磨些部落", "麼些江" 등의 기록을 통해 나시족의 조상이 중국 서북부 하황지대의 羌人이었음을 언급하고 있다. 한편 郭大烈·和志武(1999)는 나시족의 다양한 기원설을 인정하면서, 사천성 서쪽으로부터 滇[5]의 서북지역에 있는 金沙江 유역이 역사적으로 주요 활동무대였고, 옛 羌人과 주변의 여러 부족들이 섞여 나시족이 만들어졌다는 견해를 가졌다. 이외에도 5~10만 년 전 화석에 근거하여 이 지역 출토의 화석을 나시족의 선조로 간주하여, 앞서 언급된 이동설에 반하는 토착설에 해당하는 견해도 있으나, 나시족

---

5) 전(滇)은 곤명 지방에 있던 옛 나라의 이름.

동파경과 풍습을 통해 나시족이 북에서 남으로 이동하였다는 사실을 토대로 다음과 같이 나시족의 거주지역과 시기를 가정하는 것이 일반적 견해이다.

시기	거주지역
夏, 商, 周	岷江 상류
漢初	일부 이동, 大渡河 상류 牦牛地(오늘날 漏定)
기원 2세기	雅砻江 하류 일대(오늘날 鹽源縣)
기원 3세기	大渡河 이남(오늘날 越西縣)
기원 5세기 후반	永寧, 金沙江 상류
기원 7세기	麗江, 金沙江 상류

2) 나시족의 분포

나시족의 주요 거주지역은 운남성 서북부와 사천성 서남부이고, 그 외에 서장자치구의 망강현과 사천성의 파당현 등에 분포되어 있다. 지리적 관점에서 보면 나시족 분포는 운남성, 사천성, 서장성 근처의 瀾滄江, 金沙江과 그 지류인 无量河, 雅砻江 유역에 걸쳐 있으며, 지방 행정 구획상으로는 3개의 省, 6개의 市, 그리고 13개의 현에 걸쳐있는데, 지역 내 총 면적은 약 8만 제곱미터에 해당한다(和力民, 2007). 나시족은 한 개의 민족자치현6)을 가지고 있으며, 이 자치현은 3개 민족분파─ 백지나시족, 아향나시족, 염정나시족

—의 고향이다. 오늘날 전체 나시족의 60~70%는 주로 중국 운남성 여강시 옥룡 나시족자치현에 거주하고 있다.

나시족에 대한 무지와 오해로 말미암아 그동안 나시족은 자신들의 의지와 무관하게 다양한 이름으로 불리어왔다. Nahsi, Nakhi, Nasi, Lomi, Moso, Mu, Mosso 또는 Mo-su뿐 아니라 摩沙 또는 磨些 등으로 불리었는데, 특히 중국인들은 20세기 초까지 이 원주민에 대해 거의 관심을 기울이지 않았을 뿐 아니라 야만인이나 미개인으로 분류하며 온갖 경멸적인 명칭을 붙였다.[7] 본래 오늘날의 나시족은 지역에 따라 상이한 명칭을 지니고 있었다. 예를 들어, 영랑현과 염정현의 나시족은 納, 목리현과 염변현의 나시족은 자칭 納汝, 영랑현 일부와 영생현의 나시족은 納恒, 상그리라현의 나시족은 納汾 등으로 불리었고, 가장 많은 인구를 지닌 여강 고성구와 옥룡현의 나시족만이 納西[8]라고 스스로를

6) 1961년 리장 나시족자치현이 성립되었고, 2003년 리장 나시족자치현이 옥룡 나시족자치현으로 변경되었다.

7) 이러한 사실은 오늘날 나시족의 주요 거주지인 리장 근처의 Lo-lo라는 이름의 No-su족을 어떻게 취급했는지를 보면 자명해진다. 중국인들은 Lo-lo족을 피를 마시고 짧은 꼬리를 가지고 있으며 머리카락으로 뒤덮인 추한 몰골을 지닌 모습으로 그렸다(Rock, 1963).

8) 이때 納西의 의미에 대해서는 일반적으로 納을 '검은', 西를 '사람'으로 간주하여 이른바 '검은 사람' 등으로 손쉽게 해석하는 경우도 있으나, 나시족의 언어에서 형용사가 명사 뒤에 놓이기 때문에, 만약 納西를 '검은 사람'으로 이해하려면 오히려 '西納'이어야 하고, 검은 색이 정서적으로 반드시 좋은 의미만을 지니는 것이 아닌데도 불구하고 자기 스스로를 '검은 사람'으로 칭하는 것에 대한 의문도 남는다. 따라서 이에

지칭하였는데, 이에 따라 1954년 중국 국무원은 전체를 나시족으로 통일할 것을 비준하였다.

3) 나시족의 인구

나시족 인구에 대해 1950년대 이전에는 정확한 과학적 통계가 없지만, 『納西族史』(1999)의 통계에 따르면, 1920년 리장 인구는 10만 1,365명이고 그중에서 나시족은 6만 명 내외에 이르렀으나, 1953년 1차 인구조사에서 전체 나시족은 14만 3,398명, 1964년 2차 인구조사에서 15만 6,796명 등으로, 비록 10여 년 사이에 약간의 증가는 있었으나 별다른 변화 없이 여전히 과거의 인구수에 머물러 있는 상태에 있었다. 그러다가 1982년 3차 인구조사에서 24만 5,154명, 1990년 4차 인구조사에서 27만 8,009명, 그리고 2000년 5차 인구조사에서 30만 8,839명 등을 통해 지속적으로 증가하여, 2차 조사에 비해 거의 두 배나 증가하였다. 민족식별에 있어서 중국이 공식적으로 표방하는 원칙에 따라 오늘날 대부분의 소수민족이 대대적인 한족화의 경향성을 보이는 현실을 고려할 때, 나시족의 급격한 인구증가는 매우 이례

대해서는 보다 엄밀하게 재론될 필요가 있다.

적으로 보인다. 이것은 일차적으로 나시족 자신의 민족적 각성과 우수성에 기인하는 바가 크지만, 적어도 1980년 이후에는 소득이나 경제활동과 같은 민족 외적 요인이 중요하게 작용하고 있다고 할 수 있다.

4) 동파와 동파교

동파교는 나시족의 원시종교로서 기원은 고대 나시인들의 원시사회에서 비롯되었다고 할 수 있다. 동파교에 따르면 영혼이 만물에 깃들어 있다고 하는데, 이것은 수천 년 이래로 나시족의 정신세계를 지배하는 신앙적 믿음에 해당한다. 동파교의 제사장은 여러 이름으로 지칭되었는데, 일반적으로는 "東巴[to ba]"로 불리었다. 원래 "東巴"는 "東巴什罗"의 약자이었으나, 후세에는 동파들 자신이 모두 제사신의 제자라고 칭하고, 민간 역시 그들을 별다른 구분 없이 "동파"라고 불렀다. 이런 동파가 죽으면 마을에서는 제사신을 부르는 의식을 치르고, 세속적 동파의 역할은 그 가문에 전승되었다. 東巴什罗는 원래 장족의 불교에서 유래하였는데, 당나라 초기에 나시족 지역으로 전해졌다. 당나라 이전에는 동파라는 명칭을 어떤 문헌에서도 확인할 수 없고, 청나라 건륭 8년(1743) 〈乾隆麗江府志略·風俗〉에야 비로소 다

음과 같이 기록되어 있다:

　　사람이 죽으면 관에 넣고, 밤에 원주민 무당인 도파(刀巴)가 소와
양을 죽여 제사를 지낸다. 죽은 자의 일가친척 남녀가 모여 술에
취해 애도를 표하고 다음날 마을 밖으로 나가 화장한다.

위 기록에 따르면 적어도 건륭 8년까지는 동파 대신 "刀
巴"라는 표현을 썼고, 동파 명칭이 유행한 이후에도 "본보",
"허수" 등이 지역에 따라 상이하게 사용되기도 했다. 동파
교의 의식은 약 30종이 있는데, 이것을 적은 동파문자의 기
록물은 약 1천 종이 있다. 1949년 이전 나시족이 거주하는
지역의 농촌과 산촌마을에는 각 부락마다 약 5~6명의 동파
가 있어서 한 해 동안 부락의 종교적 행사를 관장하였다.
종교적 의식을 거행하는 일 외에 동파는 다른 부락민과 똑
같이 생활했는데, 동파가 주관하는 종교적 의식은 대략 다
음과 같은 두 가지가 있다: 1) 연중 정해진 시간에 이루어지
는 제례의식, 2) 부정기적으로 이루어지는 상례나 혼인 등
의 민간의식. 이를 통틀어 나시어로 "什居董居"라고 했는
데, 전자에는 예를 들어 正月要祭天, 二月要祭 등과 같이 일
정한 절기에 행해지는 여러 가지 제천의식들이 해당되고,
후자에는 생로병사와 같은 일상사나 방을 만들고 지붕을

잇는 것과 같은 일상사를 하면서 필요로 하는 온갖 의식들이 속한다.

〈사진 2〉 동파 和志本

마찬가지로 동파도 둘로 나뉘는데, 한 부류는 祭天, 祭署, 祭家神, 祭五谷神, 祭畜神과 같은 기복 유형의 의식을 행하며, 다른 부류는 기타 모든 의식을 할 수 있다. 동파는 일반적으로 아버지에서 아들로 전승되었는데, 직업적인 종교사제가 아니어서, 평소에는 농민으로서 농사와 양치기를 하다가 의식이 있을 때에만 동파로서 행사를 주관하였다. 동파집의 남자아이는 5~6세가 되면 부친으로부터 동파의 지식을 배우게 되는데, 낮에는 일을 하고 오후에 어머니 방에 앉아 있으면 아버지가 동파에 관한 지식을 학습시킨다. 이러한 공부는 20세가 되도록 지속되는데, 일반적으로 이때가 되면 홀로 의식을 거행할 정도로 자라 마을의 동파로서 각종 행사에 참여하게 된다.

3. 나시족의 언어

1) 계통

나시족의 언어가 미얀마-이족언어(Burmese-Yi languages)와 매우 밀접하다는 것에는 거의 이론의 여지가 없다. 이때 미얀마-이족어로 포함시키느냐 아니면 미얀마-이족-나시어의 자매어로 보느냐에 따라 상이한 분류가 가능하지만, 어떤 관점을 취하든 간에 나시어는 명백히 티벳-미얀마어(Tibeto-Burman language)[9]이다.

---

9) 중국 56개 민족의 언어는 대략 80여 종이 있는데, 1956~1957년 중국과학원 소수민족 언어조사와 연구를 통해 5개의 語系—漢藏語系, 阿尔泰語系, 南島語系, 南亜語系, 印歐語系—가 분류되었으며, 나시어는 漢藏語系의 藏緬語族 彝語支에 속한다(정재남, 2008).

나시어의 통사론은 티벳어나 버마어와 동일하여, 동사는 활용이 없고, 명사도 굴절어미를 지니지 않는다. 반면에 소유격, 과거시제, 미래시제, 수동태 등은 각각 해당 명사나 동사 뒤에 독립음절을 첨가하여 표현하였다. 목적어는 동사 앞, 그리고 형용사는 명사 뒤에서 수식하여, 어순은 동사가 목적어 뒤에 놓이는 주어-목적어-동사(SOV) 순서이고, 음절은 분리되지 않는다. 그리고 중국어와 유사하게 긍정불변화사, 의문불변화사, 명령불변화사 등과 같은 많은 어말 불변화사들이 있다(Rock, 1963). 또한 나시어는 중국어와 동일하게 4개의 성조를 지니는 성조언어인데, 1성은 낮게 하강하는 성조, 2성은 평성, 3성은 높게 상승하는 짧은 성조이며,10) 4성은 나시족 고유 어휘에서는 거의 나타나지 않고 보통 티벳이나 중국에서 차용한 단어를 가리키며, 낮은 데서 높게 상승하는 성조이다. 그러나 단어가 언제나 동일한 성조를 유지하지는 않고. 문장에서 단어의 위치에 따라 성조가 결정되는 경우가 종종 있다.11)

　다른 언어와 마찬가지로 나시어에도 방언이 있다. 특히

---

10) 대부분 이 3개의 성조가 순수한 나시어에 나타난다.

11) 이것은 주로 활음조 현상을 나타내기 위해서 일어나는 것으로, 연속해서 발음되는 음절의 성조는 종종 고립되어 발음되는 동일 음절의 성조와 다를 수 있다. 그러나 이에 대한 고정된 규칙은 없다. 만약 한 음절이 자신의 특징적인 성조를 상실하면, 그 음절의 피치(음조)는 성조의 환경에 의해 결정된다.

나시족은 오랜 기간 북에서 현재의 주거지로 이동하는 과정에서 지리적, 사회적, 환경적으로 서로 상이한 조건과 영향으로 인해 거주지역에 따라 상이한 언어적 특색을 지니는 방언을 발전시켰다고 볼 수 있다. 나시어는 크게 서부방언과 동부방언으로 구성된다. 이중 서부방언의 주요 지역은 운남성 여강, 중전, 유서, 영성현 등이며, 검천, 양평, 공산, 영랑현과 오늘날 사천청의 일부지역과 염원현, 염정현 등지에 분포되어 있다. 한편 동부 방언의 주요 지역은 운남성의 영랑현 일부와 사천성의 염변현, 목리현 등이다.

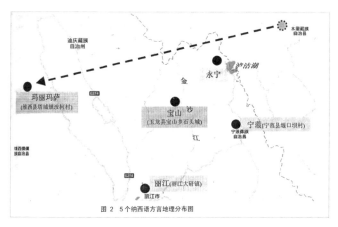

图 2　5个纳西语方言地理分布图

〈그림 1〉 나시어 방언지리 분포도(李子鶴, 2013)

이중 서부방언이 나시족 인구의 절대 다수에 의해 사용

되며 지역 내 언어적 특징도 상당히 균일하여 표준어로 간주되고 있다. 반면에 동부 방언은 내부적으로도 통일적이지 못하고 차이가 있으며 사용지역 내부에서의 정보전달력조차 떨어진다. 따라서 이 동부방언 사용지역에서는 이웃과 의사소통을 하는데 일반적으로 중국의 한어를 사용한다. 그러나 두 방언은 기본어휘에 있어서는 상당한 유사성을 지니며, 예를 들어 동부방언 지역에서 문자 없이 오로지 동파들의 입을 통해서만 경전이 암송 및 전승되어졌음에도 불구하고 구전된 내용이 동파문자로 기록된 서부방언 지역의 동파경과 별로 차이가 없다.

4. 나시족의 문자

오랜 역사를 거치면서 나시족은 몇 개의 문자를 만들어 사용하였다. 첫째, 東巴文은 나시족이 가장 먼저 만든 고문자이고, 글자모양은 사물의 형태 또는 도화를 모방하였다. 특히 동파문은 동파경의 형태로 많은 언어자료가 전승된 관계로 오늘날 대표적인 나시족의 문자로 간주되고 있다. 둘째, 哥巴文 또는 格巴文은 동파문 이후에 만들어진 고문자로 일부 글자는 동파문을 기초로 단순화시키거나, 한자

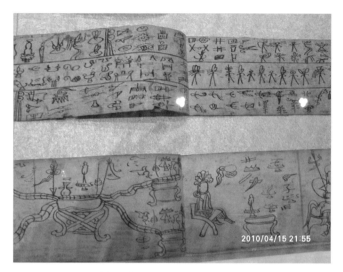

〈사진 3〉 동파경에 기록된 동파문자

자형이나 발음 그리고 글자의 뜻에서 차용하여 추상적으로 만들었다. 가파문은 소리로써 뜻을 표시하기 때문에 표음문자로 불린다. 셋째, 达巴文은 나시족 거주 동부방언구인 영랑 루고호 주변에서 사용하는 고문자이다. 글자는 형태를 본떠 상형적 형식을 취했으나 아직 적지 않은 글자가 도화의 수준이다. 게다가 전해 내려오는 达巴文 고문헌도 매우 드물다. 그밖에 나시족 阮柯支系의 東巴敎派 중에는 阮柯文으로 불리는 것이 이미 사용되었고, 또한 유서현 탑성향에는 玛丽玛莎人으로 부르는 나시족이 있는데, 그들은 玛

丽玛莎文이라고 부르는 상형문자를 사용하였으나, 사실상 이들 문자들은 모두 동파문의 이체자에 해당한다고 볼 수 있다. 이와 같이 고대 나시족 자신이 창조하여 생활에서 사용한 문자는 문헌으로 남긴 것 외에도 여러 가지 문자가 존재한다.

결국 나시족은 그들의 전설과 종교의 샤먼적 의식을 거행하고 전수하기 위해 동파문을 발명해냈다. 게다가 이러한 종교의식을 배타적으로 거행하던 일종의 제사장이 동파였기 때문에, 그들이 사용하던 문자를 동파문이라고 칭하게 되었다. 물론 주요 사용자인 동파가 이 문자의 창제와 무관할 수는 없겠지만, 대부분의 문자와 마찬가지로 누가 언제 이 문자를 창제했는지에 대해서는 문자창제와 관련된 나시족의 신화나 역사 자료에 대한 다양한 해명 노력에도 불구하고 여전히 많은 논란이 존재한다. 그러나 분명한 것은 동파문이 오로지 동파에 의해 그들의 신화나 종교의식 등을 기록하기 위해 사용되었고,[12) 동파문에 의해 기록된 내용도 전체에 대한 상세한 기록이 아니라 기억을 돕기 위한 일종의 표지나 기억을 위한 삽화의 성격을 지니고 있다는 점이다. 이와 같이 이 문자가 기억을 돕는 연상적 성격을

---

12) 清末民初 이후 동파문이 민간에서 토지계약이나 서신 등을 작성하는 데에도 사용되었으나 그 수는 매우 적다(李靜生, 2009).

지니면서 주요 사실만을 기록하였기 때문에, 어떤 부호도 존재하지 않는 추상적 내용이나 비유적 문장이 나타날 때에는 많은 상상력이 필요하다. 그러나 이 상상력도 오로지 구전된 내용을 알고 있는 유일한 집단인 동파에게만 가능한 것이다. 또한 동파문이 오로지 동파들에 의해 과거를 충실하게 답습하는 방식으로 별다른 변화 없이 그대로 후대로 전해 내려왔기 때문에, 일반 대중들이 동파문을 배워 통달하기란 매우 어렵다. 현재 약 1,400개의 기호로 이루어진 동파문은 약 90%가 도화 내지 상형문자인데, 너무 복잡하여 동파문에 능숙하기 위해서는 수십 년이 소요되기도 한다. 그러나 이렇게 숙달된다 해도 동파의 도움 없이 동파경13)의 전체 내용에 대한 온전한 이해에 도달하기는 거의 불가능한 상태이다. 어떤 부호가 생략되어 있지만 반드시 기억을 통해 읽혀져야 한다거나, 기록된 부호가 읽혀지지 않은 채로 남아있다거나, 아니면 하나의 부호가 두세 번씩 반복해서 읽혀지는 경우가 있다는 것은 동파경이 동파의 도움 없이는 거의 읽거나 이해할 수 없다는 것을 의미한다. 오늘날 리장의 고성 주변 관광구역에서 만나는 동파 복장

---

13) 동파경이라는 용어로 말미암아 이것이 종종 나시족의 종교에서 사용되는 경전으로 이해되는데, 사실상 나시어 중에는 경이라는 개념이 없고, 나시족의 종교도 경전을 가지고 있지 않다.

의 노인들은 진짜 동파가 아니고, 실제로 옛 전통을 잘 알고 동파문을 온전히 이해할 수 있는 동파는 매우 드물거나 어쩌면 나시족의 주요 거주지역에서조차 더 이상 거의 존재하지 않을 지도 모른다. 게다가 동파문이 만들어진지 상당히 오랜 시간이 흘렀음에도 불구하고, 나시족들은 그동안 사회생활과 업무에서 주로 한자를 사용하였고, 동파문은 동파들에게만 전승되어 일반인의 관심과 사용으로부터 격리되어 있었기 때문에 문자적으로 원시적인 단계에 머물러 있게 되었다.

1) 나시족의 문자 유형

① 東巴文: 나시족이 가장 먼저 만든 고문자.

② 哥巴文/格巴文: 동파문자 이후에 만들어진 표음적 고문자로서 以音表意.

③ 达巴文: 나시족 동부방언구인 永寧 루구호 주변에서 사용하는 고문자.

④ 기타: 阮柯文, 玛丽玛莎文.

2) 동파문자의 원리

① 의류상형(依類象形)

② 상형표의(象形表意)

〈사진 4〉 리장의 기와집과 동파문자

3) 동파문자의 언어적 특징

동파문자의 창제 연도가 한자에 비해 2~3천 년 늦다(王元鹿, 1988). 따라서 이 시기에는 당연히 한자가 거의 오늘날의 모습을 갖추고 나시족의 거주지까지 광범위하게 사용되고 있었다. 그럼에도 불구하고 동파문자에는 문자발전 단계의 초기에 나타나는 부호 사용이 빈번하게 나타나며, 오늘날 까지도 여전히 원시 그림이나 도화적 모습을 많이 드러내고 있다. 예를 들어 복합부호 🏠는 '한 가정'의 의미인데, 이것은 초기 문자단계에서 나타나는 문자판 rebus 방식의 표기와 매우 유사하다.

① 도화문자적 특징: �(사람), ⚠(산), ～(물), ▱(땅), ☘(나무), ✏(붓), ♨(탑), ☘(꽃), ☵(울다) 등 대부분의 기본 어휘와 ☘(풀이 대지에 가득 자라고 있다), ≋(바람이 불어 잎이 떨어지다) 등과 같은 합성어.

② 상형문자적 특징: ⊠(소금, 나뭇잎, 풀잎, 유출/분출하다, 내리치다, 압도하다), ☖(걷다〈 '사람'+'발'), ☗(누리다/즐기다〈 '두 사람'+'밥') 등.

5. 결론

동파문자는 제자단계에 나타나는 원시성을 포함해서 기억의 보조수단, 제한적 사용 그리고 의미적 불가분성의 결여 등과 같은 매우 상이한 개념들이 함께 뒤섞여 있는 매우 독특한 문자단계로서, 도화적 그리고 상형적 표의성이 혼재

된 도화상형 표의문자로 불릴만하다. 그러나 '실제 사용되는 또는 살아있는 세계 유일의 상형문자' 등과 같은 다분히 홍보성 짙은 수사 뒤에는, 통용성과 규칙성 그리고 사회적 합의라는 측면에서 여전히 동파문자의 문자적 지위에 대한 이견이 존재하고 있다는 사실도 잊지 말아야할 것이다.

참고문헌

- 郭大烈·和志武, 『納西族史』, 四川民族出版社, 成都, 1999.
- 方國瑜, 『納西象形文字譜』, 雲南人民出版社, 昆明, 1981.
- 王元鹿, 『漢古文字與納西東巴文字比較研究』, 華東師範大學, 1988.
- 李子鶴, 『原始納西語及歷史地位研究』, 北京大, 2013.
- 정재남, 『중국의 소수민족』, 살림지식총서, 살림, 2008.
- Rock, J. F., A *Na-Khi-English Encyclopadic Dictionary*, Part 1, Rome, 1963.

만주문자 창제와
만문滿文기록의
역사적 가치

이선애

고려대학교에서 사학 전공으로 문학박사 학위를 받았다. 현재 고려대 민족문화연구원 연구교수로 재직 중이며, HK한국문화연구단 문화학교에서 만주어와 관련된 연구와 강의를 진행 중에 있다. 주요 연구 분야는 청대 만주와 몽골 관계, 이번원(理藩院)연구이다. 주요 논저로는 『초급만주어』(공저, 2015), 『만주실록 역주』(공역, 2014) 등이 있다.

만주문자 창제와 만문滿文기록의
역사적 가치

1. 들어가며

만주어는 청나라의 국어國語이자 청의 지배층인 만주족
의 언어이다. 청은 1644년부터 1911년까지 약 270여 년간
중국을 지배하면서 지속적인 영토 확장을 통해 현재 중국
의 판도를 완성했다. 청 태조 누르하치는 분산된 여진 부락
을 통합하고 국가를 수립하는 과정에서 1599년 만주문자를
창제했다. 이때 만들어진 만주문자는 청이 붕괴할 때까지
국가의 공식·비공식 문서에서 널리 사용되었다. 오늘날 중
국의 여러 당안관檔案館과 대만, 세계 각지의 도서관에는 만
주문자로 작성된 다양한 사료가 소장되어 있다. 청의 역사

와 문화를 이해하는 데 이러한 만문자료가 중요한 학술적 가치를 지니고 있음을 말할 나위가 없다.

한국에서 만주어 연구는 언어학 분야에서 선도적으로 진행되어 왔다. 만주어가 언어 구조·특징·어휘 면에서 한국어와 매우 유사하다는 점에서 언어계통학적 분석을 통한 비교 연구가 주를 이루었고, 만주어·몽골어·투르크어와 발음이 유사한 중세 한국어를 중심으로 많은 연구 성과가 축적되어 왔다. 이 가운데 조선 시대 사역원司譯院에서 만주어 교재로 편찬된 청학서淸學書들은 당시 만주어의 발음을 고증하고 중세 한국어의 특징을 연구하는 데 매우 중요하게 활용되고 있다.

언어학 분야와 달리 역사 분야에서는 만주족이 한족의 문화에 완전히 동화되었다는 '한화漢化이론'의 영향으로 만문 자료의 중요성이 오랫동안 평가절하 되어 왔다. 그러나 최근 한족중심의 한화이론에 대한 비판이 제기되고 청의 특수성과 만주족의 정체성에 대한 관심이 높아지면서 역사 연구에서도 만문 사료에 대한 관심과 활용이 커지고 있다. 특히 조선과 만주족의 오랜 교류의 역사를 고려할 때 만문 자료는 한국학의 외연을 확장하고 새로운 연구 주제를 개발하는 데 크게 도움이 되리라 기대한다.

2. 만주문자의 창제

1) 만주어란?

만주어와 만문이 무엇인가를 설명하기 위해서는 우선 '만주滿洲'라는 용어에 대해 살펴볼 필요가 있다. '만주'는 우리에게 지명으로 익숙하지만 사실 만주라는 용어는 민족 명칭으로 탄생했다. '만주'는 누르하치의 뒤를 이은 홍타이지가 보다 강력한 국가 건설의 정치적 포석으로 기존 여진족의 명칭을 버리고 정식으로 채택한 민족명이다. '여진'과 '만주'를 동일시할 수 있는가, 또 홍타이지 이전 시기에 대해 만주라는 용어를 사용하는 것이 적합한가 등에 대해서 여러 이견이 있을 수 있다. 그러나 일단 청淸과 청이 세워지기 전 후금後金 시기에 만주족이 사용한 언어와 문자를 만주어, 만문으로 통칭하겠다.

만주족의 전신이라고 할 수 있는 여진족은 현재 만주 지역에서 활동했다. 이 지역에 거주했던 북방 민족은 고대로부터 숙신肅愼, 읍루挹婁, 물길勿吉, 말갈靺鞨 등으로 불렸고 대략 송대에 여진女眞·여직女直이라는 명칭이 등장하기 시작했다. 이들 민족이 각기 다른 종족인지 아니면 같은 계통의 종족이 시대에 따라 다양한 명칭으로 불렸는지는 명확하지 않다. 그러나 이들 민족들의 거주지역이 거의 비슷했으므로 숙신, 읍루, 물길, 말갈 등을 여진족, 만주족의 조상으로 추정하고 있다.

여진족·만주족의 조상이 되는 민족들을 크게 묶어 퉁구스족이라고 한다. 따라서 이들 민족들이 사용했던 언어를 만주퉁구스어파로 분류하기도 하는데 주로 예니세이 강 동쪽 시베리아 지역을 포함해 만주의 동북 지방에서 사용되었으며 여기에 해당하는 어파는 11개 정도로 파악된다. 크게 북부 퉁구스어군과 남부 만주어군으로 나뉘며 전자前者에는 어원어(Ewen, 라무트어(Lamut)라고도 함), 어웡키어(Ewenki, 오룬춘어[鄂倫春語]), 솔론어(Solon, 어원커어[鄂溫克語]), 네기달어(Negidal)가 포함되고, 후자後者에는 나나이어(Nanai, 골디어(Gold) 혹은 허저어[赫哲語]), 윌타어(Uilta, 오로크어(Oroki)), 울치어(Ulchi), 우디허어(Udihe), 오로치어(Orochi), 만주어와 시버어(Sibe, 錫伯語)가 포함된다. 각 군에 속하는 언어들은 서로 방언 관계로 보아도 좋을 만큼 유사하다.[1]

현재 만주어 사용 인구는 극히 소수이다. 중국에는 약 1,000만 명 정도의 만주족이 있지만 이 중 만주어를 말할 수 있는 사람은 매우 드물다. 흑룡강성黑龍江省 삼가자촌三家

---

1) 연규동, 「만주어와 만주문자」, 92~93쪽(동북아역사재단 편, 『만주이야기』, 동북아역사재단, 2013, 71~106쪽).

子村에 거주하는 고령의 노인들이 만주어를 구사할 수 있고 신강新疆 찹차르 시버족 자치현에 거주하고 있는 일부 시버족들이 만주어의 방언이라고도 할 수 있는 시버어를 구사한다.

2) 만주문자의 창제

여진족이 세운 금金(1115~1234)은 한자와 거란문자를 본따 여진문자를 만들었다. 금 조정은 여진문자를 보급하기 위해 정책적으로 경서를 번역하고 학교를 세우기도 했다. 그러나 여진문자는 한자보다 복잡해 일반 백성이 사용하기 어려웠고 당시 금 사회에서는 한자를 보편적으로 사용했기 때문에 여진문자는 점차 소멸되었다. 금이 멸망한 후 여진문자는 자취를 감추고 만주 지역에서 조금씩 사용되다가 명 이후에는 완전히 사라졌다. 이후 여진족의 문자는 후금-청에 이르러 다시 만들어지게 되었다.

명明이 북방민족을 제어하기 위해 변방 지역에 설치한 위소衛所 중에서 건주재위建州左衛의 수장이었던 누르하치는 명·조선과의 무역을 통해 경제적 기반을 마련하고 정치·군사적 개혁을 단행하여 세력을 확장했다. 주변의 여진족을 통합하고 국가 체제를 형성해 가던 중이던 1599년 2월 누르하치는 박시(baksi, 博士) 어르더니(Erdeni, 額爾德尼)와 가가이 (G'ag'ai, 噶蓋) 자르구치(jargūci, 扎爾固齊)에게 여진족의 문자를 만들 것을 명했다.

'박시'와 '자르구치'는 명예 호칭 혹은 관직 명칭이다. '박시'는 한어 '박사博士'에서 왔을 것으로 추정되는데 원대 몽골에서 유래한 직책으로 '사부'라는 뜻을 갖고 있었다. 명대 몽골에서는 읽고 쓰는 데 능한 자를 '박시'라고 불렀으며 이후 후금에서도 문사文事를 담당한 인재에 대한 호칭으로 사용되었다. '자르구치'는 원래 몽골어로 형정 담당관을 뜻한다. 칭기스 칸이 국가를 설립하던 시기에 사법과 소송업무를 관장한 관리의 명칭으로 이후 명대 몽골에서 봉건영주에 소속되어 군정·사법·부세 등의 사무를 관장하던 관리도 자르구치 혹은 자사굴이라고 불렀다.[2]

누르하치가 처음 만문을 창제하라고 명했을 때 어르더니와 가가이는 "우리는 몽고(monggo)의 글을 배운 대로 알고 있습니다. 예로부터 써온 글을 어떻게 바꾸겠습니까?"라며 난색을 표했다. 그러자 누르하치는 "한인 나라의 글을 읽으면, 한문을 아는 사람과 모르는 사람이 모두 이해할 수 있다. 몽고국의 글을 소리 내어 읽으면, 글을 모르는 사람도

---

2) 유소맹, 이훈·이선애·김선민 옮김, 『여진부락에서 만주국가로』, 푸른역사, 2013, 206~209쪽.

모두 이해한다. 우리의 글을 몽고어로 써서 읽으면, 우리나라의 글을 모르는 사람은 이해할 수 없다. 왜 우리나라의 말로 쓰는 것은 어렵고 다른 몽고국의 말은 어찌 쉬운가!"라고 질책했다. 그리고 다음과 같이 만문창제의 원리를 가르쳤다. "'아'라는 문자를 써라. '아'의 아래에 '마'를 놓으면 '아마'가 아니냐(ama는 아버지란 뜻). '어'라는 문자를 써라. '어' 아래에 '머'를 놓으면 '어머'가 아니냐(eme는 어머니란 뜻). 내가 마음속으로 다 생각해 놓았다. 너희는 써 보아라. 될 것이다."라고 하면서 고집을 꺾지 않고 만문창제의 뜻을 관철시켰다. 누르하치의 만문창제와 관련한 이 일화는 조선 세종대왕이 대신들의 강력한 반대에도 불구하고 한글을 창제했던 일을 상기시킨다. 훈민정음에 나라의 말이 중국

〈그림 1〉 남내 어진문지

과 달라 문자를 만들게 되었다고 창제 동기를 밝힌 것과 마찬가지로 누르하치 또한 여진어와 몽골어가 달라 몽골문자로 여진어를 표기하는 데에 한계가 있다는 점을 강조했다.

3. 만문의 발전과 소멸

누르하치의 명에 의해 어르더니와 가가이가 제정한 만주문자는 몽골 문자를 차용해 만든 문자이다. 몽골문자 자체가 위구르 문자, 소그드 문자, 히브리와 아랍 문자 등의 영향을 받았으므로 만문도 이러한 계통의 문자로 알려져 있다. 만주문자의 창제와 반포는 만주족의 문화적 발전뿐 아니라 국가체제를 정비하고 세력을 확장하는 데 밑거름이 되었다고 할 수 있다. 어르더니가 만든 문자는 12자두字頭를 바탕으로 한 '무권점無圈點' 만주문자(tongki fuka akū hergen)였다. '무권점' 만주문자란 초기 만주문자가 권점圈點(○, ·)이 없는 형태였기 때문에 이보다 발전된 '유권점有圈點' 만주문자와 구분하여 붙여진 이름이다.

앞에서도 언급했듯이 만주어와 몽골어는 체계가 다른 언어이므로 몽골 문자를 그대로 차용해 만주어의 음운을 표기하는 데에 한계가 있었다. 특히 몽골 문자에서는 k/g/h와

t/d, o/u를 구별하지 않았으므로 단어를 아는 경우에는 문제가 없지만 모르는 경우 발음을 구분할 수 없는 문제가 발생했다. 누르하치의 뒤를 이은 홍타이지는 이런 문제를 개선하고자 1632년 박시 다하이(Dahai, 達海)에게 만주문자의 개정을 명했다. 다하이는 구舊 만문에 점(·)과 동그라미(ㅇ)를 더해 만주어의 발음을 정확하게 표기할 수 있게 했다. 이 문자를 동그라미圈와 점點이 있는 만주문자(tongki fuka sindaha hergen) 또는 신만문新滿文이라고 지칭해 무권점 만문 또는 노만문老滿文과 구분했다.

1644년 청군이 산해관을 넘어 북경을 차지하면서 청이

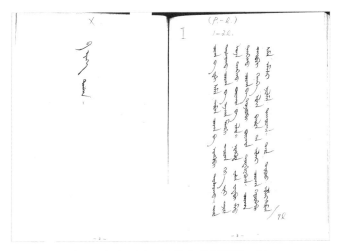

〈그림 2〉 老滿文(無권점문자) (『舊滿洲檔』 중)

명을 대신해 중국을 지배하게 되었다. 소수의 만주족이 다수의 한족을 장기간 지배한 일은 거의 기적에 가깝다고 할 수 있다. 무엇보다 이전에 중원을 차지했던 북방 민족들이 한족의 문화에 동화되어 민족적 정체성을 잃었던 사실은 만주족 황제들에게 일종의 강박 관념으로 작용했다. 만주족 황제들은 만주족의 언어와 말 위에서 활을 쏘는 전통인 '국어기사國語騎射'를 만주족의 도道로 규정해 민족적 정체성을 상실하지 않도록 경계했다. 청 조정은 만주족 관원들에게 만주어와 만문을 익히게 하고 공식 문서에서 만문을 제1문자로 사용함으로써 만주어와 만문을 지켜가고자 했다.

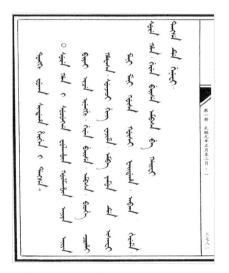

〈그림 3〉 新滿文(有권점문자) (內閣藏本 『滿文老檔』 太宗朝 中)

만주어는 만주족이 국가를 수립한 초기부터 1911년 멸망할 때까지 청조의 제1언어로 자리 잡았다. 만주문자는 만주인 황제와 관료들의 공식·비공식 문서에 사용되었고 특히 기밀이 유지되어야 하는 군사·변경 문제 등 주요 사안에 관한 문건은 만문으로만 작성되었다. 그러나 만주족들의 전통과 문화가 점차 사라지는 추세를 돌이킬 수는 없었다. 19세기에 들어서면서 청의 국력이 약화되자 만주어 교육의 열기는 더욱 시들었고 결국 1902년 서태후가 내린 '만문 폐지령'으로 관청의 공문서 및 교육시설에서 더 이상 만주어를 사용하지 않게 되었다. 이후 신해혁명으로 멸망한 이후에 만주어는 소수의 만주족과 시버족을 제외하고는 사용하는 인구가 거의 없는 '죽어가는 언어(dying language)'가 되었다.

【사진설명】

자금성의 구조는 크게 외조(外朝)와 내정(內廷)으로 나뉜다. 외조는 태화전(太和殿)·중화전(中和殿)·보화전(保和殿) 3대 전각을 중심으로 하는 구역으로 황제가 정무를 처리하고 국가의 주요 의례를 거행한 곳이다. 내정(內廷)은 자금성의 후면 구역으로 건청문 뒤쪽의 건청궁(乾淸宮)·교태전(交泰殿)·곤녕궁(坤寧宮)을 중심으로 하며 황제가 일상적인 업무를 보고 황후·비빈들이 거처하던 곳이다. 청대 자금성 전각의 편액은 원래 만문과 한문이 병기되어 있었는데 1911년 신해혁명 이후 정권을 장악한 원세개가 외조 전각 편액의 만문을 지워버려 현재 태화전 등의 편액에는 한문만 남아있다. 신해혁명 이후 1924년까지 선통제를 비롯한 청 황실은 자금성의 내정 구역에서 거주했고 현재 내정 전각들의 편액에는 만·한문이 보존되어 있다.

〈사진〉 청대 고궁의 만·한문 편액
▲자금성 태화전 편액 *왜 한문만 쓰여 있을까?

▲자금성 건청궁(乾淸宮, kiyan cing gung)

▲심양고궁의 숭정전(崇政殿, wesihun dasan i diyan)

▲옹화궁(雍和宮, hūwaliyasun hūwaliyaka gung)

▲승덕 피서산장의 려정문(麗正門, genggiyen tob duka)

만문 자모字母와 전사법轉寫法

　만주문자는 기본적으로 위에서 아래로 세로로 내려쓰며 왼쪽에서 오른쪽으로 진행된다. 또 같은 글자라도 단어의 처음과 중간, 마지막 위치에 따라 모양이 달라지기도 한다. 이러한 성격은 아랍 문자의 영향이기도 하다. 또 기본적으로 자모 문자의 성격을 가지고 있지만 완전한 음소 단위의 문자가 아니라 음절문자적인 속성을 지니고 있다. 만주문자는 모음 6개(a, e, i, o, u, ū), 자음 19개(n, k, g, h, b, p, s, š, t, d, l, m, c, j, y, r, f, w, ng)이고 이 외에 한어 및 기타 외래어의

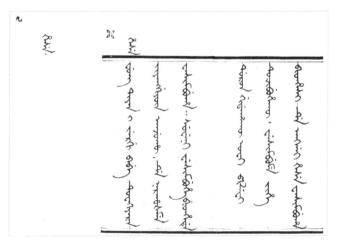

〈그림 4〉 강희제의 만문 상유(上諭)

음가를 표기하기 위한 특수문자 10개를 합쳐 모두 35개의 자모수를 가지고 있다. 현재 국제적으로 묄렌도르프 (Möllendorff) 방식의 로마자 전사법이 통용되고 있으며 필요에 따라 국제 음성 기호를 보충적으로 사용하기도 한다.

4. 만문 역사기록

1) 청 초기의 역사 기록

문자 창제와 개정에서 잘 드러나듯이 후금-청의 통치자들은 일찍부터 문서 작성과 관리의 중요성을 인식하고 있었다. 문서업무는 누르하치 시기에 이미 시작되었지만 이것이 제도화되고 전담기구가 등장한 것은 홍타이지 시기였다. 천총天聰 3년(1629) 홍타이지는 '서방書房(bithei boo)'을 설립하고 후에 '문관文館(bithei yamun)'으로 개칭했다. 서방-문관은 명의 한문서적을 만문으로 번역하고 후금의 정사를 기록하는 등의 업무를 담당했다.

홍타이지는 천총 10년(1636) 음력 3월 황제를 칭하기 하루 전에 기존의 기구인 문관을 기반으로 '문서의 세 아문 (bithei ilan yamun, 內三院)'의 설립을 선포했다. 내삼원의 주요 임무는 사서 편찬, 한汗(han)의 조칙 작성, 상주문 전달, 강연, 정령 선포 등이었다. 과거의 문관과 달리 내삼원은 직무가 훨씬 정비되었고 명의 한림원 제도와 유사했다. 이 가운데 '역사를 기록하는 아문(suduri ejere yamun, 內國史院)에서는 한의 조칙을 기록하고, 한의 일상과 군사활동·행정을 기록하고, 제천 의식과 즉위식에서 표문을 낭독했다. 또한 제문과 역대 역사서·비문·기밀문서·관원의 승진과 강등에 관한 문서·상주문을 모으고 정리해서 역사서로 편찬했다.

누르하치 시기 만문기록은 한자가 적혀 있는 명의 공문용지를 재활용하여 뒷면이나 행간에 만문으로 기록한 것도 있고, 명의 공문용지보다 질이 좋은 고려 箋紙에 기록한 것도 있다. 태종 연간의 당안은 모두 고려 전지에 기록되었는데 이는 태조시기에 관한 기록 중에서 고려 전지에 기록된 것은 모두 태종 연간에 새롭게 중초된 것임을 보여준다.

일반적으로 『만문노당』이라고 불리는 만문기록의 최초의 사건은 누르하치가 후금을 건국하기 9년 전인 1607년부터 시작되지만 일부 명칭이나 용어가 기록상의 시점보다 나중에 만들어진 것임을 볼 때 이는 후대에 추술된 것으로 추정된다. 청 초기 만문기록은 형식과 문자가 매우 복잡해서 일부는 만문 무권점자와 몽문이 섞여 있고, 일부는 유권점자로 쓰여 있으며, 그 사이에 과도기적 글자체가 보인다.

체제면에서도 연월일의 순서에 따라 편년체로 기록하기도 하고 과거의 사실을 소급해 기록하는 등 한족의 전통적인 서술방식과는 차이가 있었다. 천총 연간에 이르러 만문 공식기록, 즉 만문당안滿文檔案은 사건이 발생한 후 나중에 추술하던 방식에서 날짜에 따라 사건을 기록하는 일기 방식으로 바뀌게 되었다.

내국사원의 만문당안 기록은 천총 원년(1627)부터 시작된다. 내국사원의 주요 업무는 태종 시기의 실록편찬을 위해 만문당안을 편집하고 기록하는 것이었는데 이 점에서 내국사원의 기록은 이전 시기의 당안과 구별된다. 청 초기 만문당안은 사건 서술에 명확한 범례가 없었고 기록자의 개인적 판단에 따라 집필되었으며 잡다한 내용이 포함된 경우가 많았다. 반면 내국사원의 기록은 앞으로 찬수할 실록을 위해 작성되었으며 자료의 수집 또한 제도화되었다는 점에서 초기 만문당안과는 분명한 차이가 있다.[3]

2) 건륭 연간의 만문당안 정리와 역사 기록: 『만문노당』과 『만주실록』[4]

---

3) 김선민, 「『舊滿洲檔』에서 『滿洲實錄』까지-청 태조실록의 편찬과 수정」, 『史叢』 77, 고려대학교 역사연구소, 2012, 145쪽.

4) 『만문노당』과 『만주실록』에 관한 내용은 김선민의 위의 논문, 고려대 민족문화연

순치順治 원년(1644) 청의 입관과 함께 누르하치와 홍타이지 시기의 만문당안도 북경으로 옮겨져 자금성의 내각대고에 보관되었다. 입관 전 만문당안은 제목이 없었기 때문에 '무권점당자無圈點檔子', '무권점당안無圈點檔案', '무권점노당無圈點老檔', '구만주당책舊滿洲檔冊' 등 다양한 이름으로 불렸다. 건륭乾隆 6년(1741)에 무권점자를 이해하는 사람들이 점점 줄어들자 오르타이(Ortai, 鄂爾泰)와 서원몽徐元夢이 내각 서고에 보존된 무권점당에 권점을 붙여 해독할 수 있게 하고 그중 판별하기 어려운 것은 유권점자를 덧붙여 십이자두에 따라 책을 편찬하자고 제의했다. 이에 따라 무권점자 독해를 위한 일종의 공구서인 『무권점만문십이자두無圈點滿文十二字頭』(tongki fuka akū hergen i bithe)가 만들어졌다. 그리고 입관 전 만문당안 37책을 새롭게 장정해 천자문 순서에 따라 각 책에 자호를 붙였다.

건륭 6년의 정리작업은 장정을 새롭게 한 것에 불과했고 원본을 새롭게 초록한 것은 아니었다. 만문당안의 중초 작업은 서원몽의 손자인 슈허더(Šuhede, 舒赫德)에 의해 건륭 40년(1775)에 시작되어 건륭 43년(1778)에 완성되었다. 중초 작업의 첫 단계는 먼저 원본을 초서로 베껴서 저본 혹은 초

구원 만주학센터 만주실록 역주회 역, 『만주실록 역주』, 소명출판, 2014, 해제 참조.

본을 만드는 것이었다. 저본 위에 쪽수, 행, 단, 대격 등을 기호로 표시하고 찬수관의 심의를 거쳐 다시 해서楷書로 베껴서 정본을 만들었다. 저본은 원본의 글자 그대로 무권점자로 베껴 쓴 것과 원본의 자음에 따라 유권점자로 옮겨 쓴 것 두 가지로 나뉘었다.

결국 건륭 연간에 무권점자 만문당안의 저본과 정본, 유권점자 만문당안의 저본과 정본 총 네 가지 종류의 중초본이 만들어졌다. 이 네 가지 중초본은 이후 내각에 보관되었기 때문에 내각본이라고도 불린다. 다음해 건륭 44년에는 무권점자와 유권점자 당안의 부본을 각각 하나씩 만들어 성경의 숭모각崇慕閣에 보관했다. 건륭 연간에 중초된 만문당안은 내각대고와 성경 고궁에 보관되어 있다가 20세기 초에 중국, 대만, 일본으로 흩어졌다. 이 과정에서 만문당안은 '만문노당滿文老檔', '구만주당舊滿洲檔', '노만문원당老滿文原檔' 등 여러 가지 명칭을 얻게 되었는데 동일한 자료가 서로 다른 명칭으로 불리면서 만문당안에 대한 이해는 더욱 복잡하고 어려워졌다.

『만주실록滿洲實錄(manju i yargiyan kooli)』은 만주족 시조설화와 조상의 역사, 청 태조 누르하치의 사적을 서술한 기록이다. 누르하치에 대한 실록 편찬은 홍타이지 재위기에 시작되어 순치·강희 연간을 거쳐 여러 번 개찬되었다. 『만주실록』은 건륭 44년(1779)경에 완성된 청 태조 실록의 마지막 편찬물이라고 할 수 있다. 『만주실록』에는 청 태종 홍타이지 시기 장검張儉과 장응괴張應魁에 의해 완성된 〈태조실록도太祖實錄圖〉를 다시 그린 삽화가 포함되었다. 『만주실록』은 일반 실록과 달리 그림이 삽입되어 문장과 내용에 생동감이 더해졌고 각 폭의 삽화가 내용을 구분해주는 장절의 기능까지 담당했다. 또 만·한·몽문이 각각 대칭을 이루며 한 장의 지면에 삼단 배치되어 쓰인 것도 이 책의 특이한 점이다.

『만주실록』 내용의 대부분이 누르하치의 일대기를 다루기 있기 때문에 "만주족의 사실에 대한 전례" 혹은 "만주족의 실록"이라기보다는 "청 태조의 실록"에 가깝다. 그러나 건륭제는 당시 쇠퇴해가던 만주족의 상무정신과 정체성을 진작하기 위해 누르하치의 험난했던 국가 건설 과정을 상기시키고자 책의 제목을 '만주족의 실록'이라고 명명했다. 강희 연간의 『태조고황제실록太祖高皇帝實錄』이 누르하치의 언행을 미화하고 문장을 고상하게 다듬었던 것에 비해, 건륭 연간에 편찬된 개국 역사 자료인 『만주실록』은 누르하치의 용맹하고 순박한 풍모를 드러내고자 했다.

『만주실록』 만문 부분이 청 초기 기록에 가깝다는 증거는 누르하치의 호칭과 날짜 표기법 등에서 찾을 수 있다.

〈그림 5〉 『滿洲實錄』 중 시조설화 관련 부분

『만주실록』한문 부분에는 누르하치를 '태조'라고 칭했고 강희 연간의 『태조고황제실록』에서는 '上'이라고 부르는데 비해, 『만주실록』만문 부분은 taidzu sure beile(타이주 수러 버일러), taidzu kundulen han(타이주 쿤둘런 한), taidzu genggiyen han(타이주 겅기연 한) 등 시기별로 다양한 호칭이 등장한다. 이는 누르하치의 지위가 변화하는 과정을 보여 줄 뿐만 아니라 당시 만주족 사회에 한족의 영향이 아직 크지 않음을 보여준다고 할 수 있다. 『만주실록』은 만주족의 초기역사를 잘 보여준다는 점에서 사료적 가치가 높다. 또한 만주어 문장 역시 전통적인 특징을 담고 있다는 점에는 역사학과 언어학 분야에서 중요한 자료로 다루어질 만하다.

5. 만주학과 만주어: 만주학이란?

'만주학'은 한마디로 정의하기 어려울 정도로 언어, 지리, 역사, 문학 등의 다양한 분야를 포괄한다. 만주학은 연구의 대상과 방법이 다양할 뿐 아니라 학계에 따라 그것을 바라보는 시각이 상이하다. 이는 '만주'에 대한 관점이 국가와 민족마다 상이하기 때문에 발생하는 문제이다. '만주'는 원래 민족의 이름으로 탄생되었지만 근대에 들어 지역의 의미를 내포하게 되었고 현재에는 '지역으로서의 만주'라는 인식이 더욱 보편화되었다. 따라서 오늘날 '만주학'의 범위는 만주 지역에 거주했던 혹은 거주하고 있는 사람들의 언어, 역사, 문화를 포함하고 있다. 또한 '만주'라는 지역에서의 근대 역사 즉 제국주의 침략과 현대 중국 건설의 역사적 과정으로 인해 서양과 일본, 중국, 한국의 학문적 접근이 모두 다른 입장에서 진행되었다. 최근에는 미국 학계를 중심으로 '신청사新淸史(New Qing History)'적 관점이 제기되어 중국적 세계질서와 한화이론을 비판하고 만주족과 청조의 역사를 재조명하고 있다.

마크 엘리엇(Mark C. Elliott)은 만주학의 범주가 학자들에 의해 다양하게 해석되어왔음을 지적했다.5) 그에 따르면 만주학은 만주어 연구에만 국한될 수도 없고 청사와 완전히 일치시킬 수도 없다. 동시에 20세기 말에 새롭게 등장한 만주족의 종족의식, 현대 시버족의 시가와 민요 혹은 중국 고전의 만주어 번역서까지를 모두 만주학의 범위에 넣을 수도 없다. 그는 만주학이 과거와 현재에 만주어를 사용하는 사람들과 그들의 후손이 가진 언어, 역사, 문화를 다루는

---

5) 마크 엘리엇, 「중심으로서의 주변: 만주학의 미래를 위한 서언」, 고려대학교 민족문화연구원 초청강연, 2010년 8월 23일. 이하 만주학의 정의, 미국·일본·중국·한국의 연구경향 소개는 김선민, 「滿鮮史, 滿學, 그리고 滿洲學」, 『明淸史硏究』 제38집, 명청사학회, 2012 참조.

것으로, 만주어나 다른 언어로 쓰인 자료를 바탕으로 한다고 정의했다.

스기야마 키오히코杉山淸彦는 일본학계의 '만주사滿洲史'를 정의하는 것 역시 어렵다고 지적하면서 일본학계의 만주학 경향을 세 가지로 분류했다. 그에 따르면 첫째, 지리공간으로서 만주를 무대로 하여 그곳에서 전개된 역사를 다루는 "만주 지역사", 둘째, 여진의 금, 원, 명이래 여진족-만주족의 역사를 다루는 "여진-만주 민족사" 및 부여·말갈에서 만주족까지 퉁구스 계열의 여러 민족의 역사를 다루는 "만족사滿族史", 셋째, 만주어로 기록된 역사 혹은 그 기록에 대한 연구로 나눌 수 있다.

일본학계의 만주학은 19세기 말에 등장한 "동양사"의 발전과정 속에서 생산된 제국주의 시기 만선사학滿鮮史學에서 기원을 찾을 수 있다. 일본 제국주의가 팽창하면서 일본 동양사학계의 관심도 조선, 만주, 몽골, 중앙아시아 역사로 확대되었고 남만주철도주식회사의 후원 아래 이 지역의 지리, 역사, 문헌, 풍속에 대한 연구가 본격화되었다. 전후 세대 학자들은 제국주의 팽창 시기 세대들과 자신들을 차별화하기 위해 만주라는 용어를 피하고 '만족사'라는 중국식 용어를 사용하거나 지역연구가 아니라는 점을 분명히 밝히기도 했다. 그러나 현재 일본 학계의 만주학 연구는 20세기 초

만선사에서 그 토대가 만들어졌다고 할 수 있다.

중국학계에서는 만주학을 "만학滿學"이라고 칭하는데 여기에는 만주어 및 만주어 문헌자료, 만주족의 역사 및 청대 제도사, 내몽고와 만주지역, 만주족 작가 및 민간문학, 만주족의 풍속·복식·건축, 만주족의 샤머니즘, 팔기제도 연구 등이 모두 포함된다. 일본의 만주학 발전이 근대 제국주의의 산물에서 비롯되었던 것처럼 중국에서의 만주학도 근대 민족주의 발전과 밀접한 관련이 있다. 20세기 초 근대 중국의 역사학은 서구 제국주의 침탈에 무기력했던 이민족 청조와 만주족을 비판하는 경향을 보였다. 그러나 동시에 청제국의 영토적 유산을 계승해야할 입장에 있었던 중화민국 정부는 한족 중심의 '다민족통일국가'의 논리를 발전시켰고 근대 중국의 역사학계는 이러한 논리를 역사적으로 증명하는 역할을 했다. 따라서 청조의 역사는 중원왕조의 역사의 일부이며 만주족은 한화되었다는 주장이 신중국 건설 이후에도 중국 역사학계의 중심 논리로 자리 잡았다. 1980년대에 들어서서 만주족과 청조를 재평가하는 움직임이 일어나 만주어 문헌을 중시하고 만주족의 문화와 풍속, 청조사에 대한 연구가 활발해졌지만 이 또한 '다민족통일국가'의 논리를 확대·재생산하는 방향에서 벗어나지 않는다.

한국학계의 만주학 연구는 주로 만주어 연구에 집중되었

다. 고동호는 한국의 만주어 연구의 흐름을 조선시대 사역원에서의 만주어 교육과 1950년대 이후 만주어 연구로 구분했다. 그리고 1950년대 이후의 연구는 사역원 청학서 연구와 청에서 간행된 만주어 문헌 연구로 나뉠 수 있다고 했다.[6] 한편 홍성구는 한국 만주학의 전통을 조선시대 사상계에서 찾는다. 그는 17세기 명청 교체라는 동아시아 국제질서의 변동을 경험한 조선시대 지식인들이 독자적인 만주 인식을 형성하게 되었다고 지적했다. 조선시대 지식인들은 만주라는 지리적 공간에 대한 관심과 그곳에 거주한 사람들, 즉 이적夷狄에 대한 관심을 분리시키는 독특한 이분법적 시각을 발전시켰는데, 이것이 '한국적 만주학'의 초기적 특징을 보여준다는 것이다.[7]

김선민은 한국의 만주학이 주로 한중관계사의 영역에서 다루어졌으며, 기존 학계에서 조선과 여진의 관계를 '조선을 노략질하는 오랑캐' 혹은 선진문물의 전파자인 조선과 수혜자인 오랑캐로 상정해왔음을 비판했다. 그는 중심과 주변이라는 이분법과 민족주의적·영토주의적 관점에서 벗

---

6) 고동호, 「한국의 만주어 연구 현황과 과제」, 『만주학 연구의 현황과 과제』, 고려대학교 민족문화연구원 학술대회, 2011년 4월 15일.

7) 홍성구, 「만주 역사를 바라보는 한국적 시각의 한 모색」, 『역사와 담론』 제55집, 호서사학회, 2010.

어나 변경사적 관점으로 조선과 여진의 관계를 바라보아야 한다고 지적했다. 즉 인접하는 두 정치세력 혹은 사회집단이나 문화 사이에 존재하는 경계가 모호한 공간을 인정하고 이곳에서 발생하는 빈번한 접촉의 양상을 주목해야 한다는 것이다. 또한 이 접촉의 공간이 시기에 따라 혹은 두 세력의 관계에 따라 변경, 국경지대, 국경으로 성격이 변화했음을 강조했다.[8]

이와 같이 만주학의 발전은 동아시아의 역사, 근대 동아시아 민족주의와 밀접한 관련을 가지며 현대의 정치적 역학관계와도 무관하지 않다. 중국 중심의 세계질서와 한화이론을 정면으로 비판한 미국학계의 신청사적 관점을 다민족 통일국가인 중국의 분열을 조장하는 이론으로 바라보는 시선이 존재한다는 것이 그 방증이라고 할 수 있다.

위에서 살펴본 바대로 만주학의 정의와 범위에 대한 견해는 역사·정치적 입장에 따라 국가·시대별로 다르며 이는 만주라는 지리적 공간과 거주 민족들이 갖는 '변경'적 특징과도 관련이 있다. 만주학에 대한 정의와 접근방식이 다양하긴 하지만 그 접합점을 찾아낼 수 없는 것은 아니다. 만주어와 만주어 문헌에 대한 연구는 각 나라의 만주학 연구에서

---

8) 김선민, 앞의 논문, 2012.

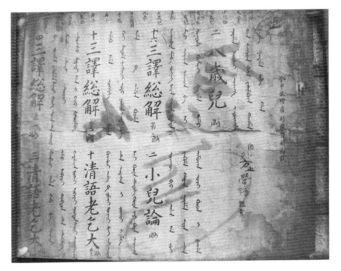

〈그림 6〉 청학시권(淸學試卷)

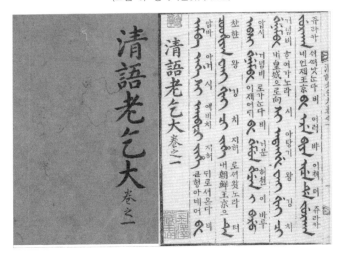

〈그림 7〉 청어노걸대(淸語老乞大)

공통적으로 중요시되는 분야이며 동아시아 역사와 언어학, 문화사 등의 영역에서 토대연구로서의 가치를 가지고 있다.

6. 나가며: 한국에서의 만주학 연구와 만주어 교육

한국과 중국은 서로 이웃하여 정치·경제·문화적으로 오랜 교류의 역사를 가지고 있다. 한·중의 밀접한 역사적 관계는 양국의 국내 정세뿐 아니라 동아시아 정세에 큰 영향을 미쳤으며 이는 현재의 상황에서도 예외가 아니다. 이런 점에서 중국의 현재 강역의 기초를 다진 청조와 조선의 관계를 이해하는 작업은 오늘날의 한중관계를 바라보는 데에 있어도 유효한 시사점을 제공한다고 할 수 있다. 조선과 청의 역사적 관계를 조명한 많은 연구들이 한·중 학계에서 진행되었지만 연구에 활용된 자료들은 일부 주요 한문사료에 국한되었다. 그러나 청조의 '국어國語'인 만문으로 쓰인 각종 당안에는 조선과 관련된 광범위한 기록들이 있다. 특히 입관 전 시기 만문사료에는 조선은 물론 청의 관찬 한문사료에도 수록되지 않은 생생한 기록들이 존재하며, 동일 사안에 대한 청과 조선의 입장 차이를 극명하게 보여주는 사례들이 있다. 따라서 조선과 청의 관계를 조명하는데 그동안 적극적으로 활용되지 못한 조선과 청의 외교문서와 만문사료를 조사·비교하는 작업은 한중관계사 연구에 새로운 시각과 토대를 제공할 수 있다.

한국에서 만주어 교육은 일부 대학의 언어학과 수업에서만 진행되었기 때문에 만주어에 대한 대중적 접근은 어려운 실정이었다. 고려대학교 민족문화연구원에서는 2009년 7월부터 학생과 연구자 및 일반인을 대상으로 만주어 강좌를 개설해 만주어·만문에 대한 대중적 관심과 이해를 높이는데 기여해왔다. 또 고려대학교 민족문화연구원 만주학센터에서 기획 출간한『초급만주어』교재는 한국에서 처음으로 발간된 만주어 교재이자 만문 기초 학습서라는 의의를 갖고 있다.9) '최초'라는 수식어가 갖는 의미만큼 앞으로 보완해야할 부분들도 많다. 예컨대 문법용어의 적절성, 예시문의 난이도 문제를 지적할 수 있고 대화문도 좀 더 풍부한 내용으로 구성할 필요가 있다. 그리고 어휘와 문법관련 색인을 보충하면 독자들이『초급만주어』를 문법서이자 학습서로 활용하는 데 큰 도움을 줄 수 있을 것이다.

마지막으로『만한사전滿韓辭典』(이훈 편)과『만문노당滿文老檔』역주본의 출간 예정 소식을 전하고자 한다. 그동안 한국

---

9) 이선애·김경나, 『초급만주어』, 박문사, 2015.

에서 출판된 사전들은 어휘의 양이나 질적인 면에서 중국·일본·미국·유럽 등지에서 출간된 사전에 비해 미흡한 실정이었다. 이러한 문제점들을 보완한 만한사전이 민족문화연구원 만주학센터의 지원 아래 2017년 상반기에 출간될 예정이다. 또한 수년간 『만문노당』 윤독회를 진행한 결과물로 2017년에 『만문노당 역주』(가제)가 출간될 예정이다. 이를 계기로 한국에서의 만주어와 만주학 연구의 기반이 확대되고 공고하게 다져질 수 있기를 기대한다.

참고문헌

• 고동호, 「한국의 만주어 연구 현황과 과제」, 〈만주학 연구의 현황과 과제〉, 고려대학교 민족문화연구원 학술대회, 2011년 4월 15일.

• 고려대 민족문화연구원 만주학센터 만주실록 역주회 역, 『만주실록 역주』, 소명출판, 2014.

• 김선민, 「『舊滿洲檔』에서 『滿洲實錄』까지−청 태조실록의 편찬과 수정」, 『史叢』 77, 고려대학교 역사연구소, 2012.

• 김선민, 「滿鮮史, 滿學, 그리고 滿洲學」, 『明清史硏究』 제38집, 명청사학회, 2012.

• 마크 엘리엇, 「중심으로서의 주변: 만주학의 미래를 위한 서언」, 고려대학교 민족문화연구원 초청강연, 2010년 8월 23일.

• 연규동, 「만주어와 만주문자」, 『만주이야기』, 동북아역사재단, 2013.

• 유소맹, 이훈·이선애·김선민 옮김, 『여진부락에서 만주국가로』, 푸른역사, 2013.

• 이선애·김경나, 『초급만주어』, 박문사, 2015.

• 홍성구, 「만주 역사를 바라보는 한국적 시각의 한 모색」, 『역사와 담론』 제55집, 호서사학회, 2010.

한자를 빌려서 우리말 적기

: 이두吏讀, 향찰鄕札, 구결口訣

장윤희

서울대학교에서 문학박사 학위를 받았다. 동 대학교 한국문화연구소 연구원, 한남대학교 교수를 역임하였고, 현재 인하대학교 한국어문학과 교수로 재직 중이다.
주요 저서로는 『중세국어 종결어미 연구』(2002), 『역주 증수무원록언해』(공저, 2004), 『역주 오륜행실도』(공저, 2006), 『몽산법어언해』(2011) 등이 있다.

한자를 빌려서 우리말 적기

: 이두(吏讀), 향찰(鄕札), 구결(口訣)

현재 우리는 우리의 말 한국어를 '한글'로 막힘없이 표기하고 있다. 한글을 이용하여 별다른 불편 없이 한국어를 온전하게 표기하고 있기 때문에, 오히려 한글의 소중함에 대해 실감하지 못하는 경우도 많다. 그러나 이렇게 자국어를 그 언어를 표기하기에 가장 적절한 문자로 자유롭게 표기하는 경우는 결코 많은 것이 아니다. 자국어는 있지만 이를 표기할 문자가 없는 이른바 '무문 언어'가 대부분이다. 이럴 경우에 자국어를 문자화하기 위해서는 다른 언어를 표기하는 문자를 도입하여 자국어를 표기할 수밖에 없는데, 이러할 경우에는 자국어를 온전하게 표기하기도 어려울 뿐만 아니라 복잡한 방법을 고안하고 익혀야 하는 어려움이 따른다.

우리도 한국어를 자유자재로 적은 것은 1443년 세종이 훈민정음을 창제한 이후에 가능해진 일이다. 그 전에는 우리의 말을 적고 싶어도 온전히 적을 수 있는 수단이 없었다. 우리가 사는 세상에서 훈민정음 창제 이전의 가장 유력한 문자는 한자였으므로, 우리 조상들은 우리말을 글로 적을 때에는 한자를 이용해서 적는 수밖에 없었다. 이때 한자를 이용해 생각이 담긴 문장으로 표현하려면 한문의 문법을 알아야 하는데, 이는 한국어의 문법과는 완전히 다른 것이므로 당시 우리 조상들은 입으로 자유롭게 말하면서도 이를 문자로 적기 위해서는 한국어와는 전혀 다른 한문의 질서를 익혀서 적어야만 했다. 그러니 한자와 한문으로 우리의 생각을 적는 일이 얼마나 고통스러운 일이었는지는 충분히 짐작할 수 있다. 또 이러한 까닭으로 말을 글로 적을 수 있는 사람은 지배층 등 극소수에 지나지 않았다. 이러한 언어생활과 문자 생활의 괴리를 해결해 준 것이 훈민정음의 창제인 것이다.

그렇다면 훈민정음 창제 이전의 우리 기록은 한문으로 기록된 것만이 존재하는가? 만일 그렇다면 훈민정음 창제 이전 한국어가 어떠한 모습이었는지는 전혀 알 수 없을 것이 아닌가? 결론부터 말하자면 그렇지는 않다. 중국 주변에서 한동안 동아시아의 유일한 문자였던 한자를 받아들여 표기 수단으로 삼았던 모든 민족들은 한문을 통해서 자신들의 생각을 표현하는 데에서 더 나아가, 한자를 이용하여 자국어를 표기하기 위한 노력을 기울여 나름대로의 표기 방법을 마련하였다. 우리의 조상들 역시 한자를 이용해서 한국어를 표기하기 위한 표기 방법을 마련하였는데 이러한 표기 방법을 '**차자 표기**借字表記'라고 말한다.

차자 표기는 한자의 음音이나 새김[훈訓]을 이용하여 한국어를 적는 방법이다. 이를 이해하기 위해 다음의 예를 보자.

(1) 天: 하늘 천,　地: 땅 지

(2) 天地: ① 천지 ② 하늘땅 ③ 천땅 ④ 하늘지

(3) 가. 달: ① 達 (통달할 **달**) ② 月 (**달** 월)

　　나. 나무: ① 那無 (어찌 **나**, 없을 **무**) ② 木 (**나무** 목)

　　다. 나뭇잎: ① 那無入 ② 那無葉 ③ 木入 ④ 木葉

(1)은 한자가 훈訓과 음音으로 이루어졌음을 보인 것인데, '天'은 '하늘'이라는 훈과 '천'이라는 음으로 이루어져 있고, '地'는 '땅'이라는 훈과 '지'라는 음으로 이루어져 있다. 한자의 훈과 음 중 어떤 것을 읽느냐에 따라 다양한 독법이 있을 수 있음을 보인 것이 (2)이다. (2)의 '天地'에 대해서는 각 한자의 훈과 음 중 어느 것을 읽느냐에 따라서 네 가지 방법

이 가능함을 보이고 있다. '① 천지'는 '天地'의 각 한자의 음을, '② 하늘땅'은 각각 훈을 읽은 것이고, ③은 '天'을 음으로, '地'를 훈으로 읽은 것이며, ④는 '天'은 훈으로 '地'는 음으로 읽은 것이다. 이렇듯이 한자는 훈을 읽을 수도 있고 음을 읽을 수도 있다. 전자를 훈독訓讀이라고 하고 후자를 음독音讀이라고 한다. 현재 우리는 한자를 음으로만 읽는 음독의 방법만을 사용하고 있지만, 과거에는 우리도 현재의 일본에서와 마찬가지로 한자의 훈을 읽는 훈독의 방법도 이용했다. 예를 들어 '雲'을 써 놓고 이를 '구름'이라고 읽기도 했다는 것이다.

이러한 한자의 훈과 음을 이용해 한국어를 표기하는 방법을 보인 것이 (3)이다. (3가)에서는 고유한 한국어 '달'을 표기하는 방법을 보인 것인데, ①은 한자의 훈은 고려하지 않고 고유어와 동일한 음을 가진 한자를 이용해서 한국어 '달'을 표기한 것이고, ②는 한자의 훈을 이용해서 한국어 '달'을 표기한 것이다. ①과 같이 한자의 음을 빌려 한국어를 표기하는 것을 '음차音借 표기'라 하며, ②와 같이 한자의 훈을 빌려 한국어를 표기한 것을 '훈차訓借 표기'라 한다. 만일 기록에서 음차 표기한 '達', 훈차 표기한 '月'이 있다면 표기형은 다르지만 모두 한국어의 '달'을 표기한 것이니 모두 '달'로 읽어야 한다. (3나)는 2음절 이상의 한국어를 차자 표기한 것으로서 ①은 음차 표기, ②는 훈차 표기로 '나무'를 적어 본 것이다. (3다)의 경우에는 '나뭇잎'이라는 한국어를 차자 표기한 것이다. 여기에서 고유어 '나무'를 '那無'로 적은 것은 음차 표기, '木'으로 적은 것은 훈차 표기이다. 또 뒤의 고유어 '잎'을 '入'으로 적은 것은 음차 표기이고('잎'이라는 음을 가진 한자가 없기 때문에 불완전하지만 '입'의 음을 가진 '入'으로 이를 적은 것이다), '葉'으로 적은 것은 훈차 표기이다.

이렇게 한자의 음이나 훈을 이용해서 한국어를 적는 차자 표기 방법은 삼국 시대부터 사용되어 왔다. 차자 표기는 처음에는 한국어 중 가장 간단한 단어, 그 중에서도 사람의 이름, 땅이름, 관직의 명칭 등과 같은 고유명사부터 표기 대상으로 삼았는데, 이러한 방법에 점점 익숙해지면서 그 표기 대상을 더 넓혀 문장으로까지 확대해 나갔던 것으로 보인다. 이렇게 고안되어 정착된 차자 표기가 '이두, 구결, 향찰' 등이다. 바로 이러한 차자 표기 자료들을 통해서 훈민정음 창제 전의 한국어가 어떠한 모습이었는지를 확인할 수 있는 것이다.

1. 고유명사 표기

한자의 훈과 음을 이용해서 한국어를 표기한 차자 표기 중 가장 초기의 것은 고유명사를 표기한 것이다. 우리의 고유명사를 한자를 이용하여 표기하게 된 결정적인 이유는 역사 기록과 밀접하게 관련된 것으로 보인다. 한사군이 설치되면서 한반도에 한자가 전래되었다고 보는 것이 정설인데, 이후 우리 민족은 한자와 한문을 자유롭게 운용할 수 있게 되었다. 이를 잘 말해 주는 사실은, 고구려가 국초에 『유기留記』를, 백제가 375년에 『서기書記』를, 신라가 545년에 『국사國史』를 한문으로 편찬했다는 것이다. 그런데 삼국이 이렇게 자신의 역사를 기록하는 과정에서는, 사람의 이름이나 땅이름 등의 고유어를 어떻게든 한자로 기록해야만 했을 것임을 짐작할 수 있는데, 이렇게 기록할 수 있는 방법은 차자 표기에 의해서만 가능했다는 점에서 한자의 음이나 훈을 이용한 차자 표기 방법이 이 당시에 이미 정착되었다고 추론해 볼 수 있을 것이다.

실제로 현재 전하는 자료 가운데에서 삼국의 고유명사 표기는 『삼국사기』, 『삼국유사』 등의 역사서에서 많이 발견된다.

(4) 가. 厭髑 或作異次 或云異處 方音之別也 髑頓道覩獨等 皆隨書者
之便 乃助辭也 ['厭髑'은 혹은 '異次'이라고도 말하고, 혹은
'異處'라고도 말하는데 방언에 따른 차이이다. '髑, 頓, 道, 覩'
등은 모두 글쓰는 사람의 편의에 따른 것으로 곧 '助辭'이다]

—『삼국유사』 권3

나. 居柒夫 或云荒宗   —『삼국사기』 권44

다. 赫居世王 蓋鄕言也 或作弗矩內王 言光明理世也[赫居世왕은
대개 신라의 말이다. 혹은 '佛矩內王'이라고도 하는데 모두
밝게 세상을 다스린다는 말이다]   —『삼국유사』 권1

라. 買忽一云水城 ; 水谷城縣一云買旦忽   —『삼국사기』 권37

마. 元曉亦是方言也 當時人皆以鄕言稱之 始旦也[元曉 역시 우리
의 말이다. 당시인들은 모두 鄕言(신라의 말)로 그를 불렀
는데, '始旦'이란 뜻이다]   —『삼국유사』 권4

(4가)는 '이차돈異次頓'으로 널리 알려진 '厭髑'이란 인명
에 대한 주석인데, '厭'과 '異次, 異處'가 대응되는 것으로
보아, '厭'은 훈차 표기이고, '異次, 異處'는 음차 표기로서
모두 당시의 한국어 *잊-, *이츠- 정도를 표기한 것으로
보이는데, 여기의 *잊-은 중세 한국어의 '잊-厭'에 정확하
게 대응된다. 한편 '髑, 頓, 道, 覩' 등은 모두 음차 표기로서
*도, 또는 *두 정도의 한국어를 표기한 것인데, 이는 바로

뒤에서 이들을 '助辭', 즉 의미를 지닌 부분이 아님을 분명히 밝히고 글 쓰는 사람의 편의에 따라서 달라진 것이라는 기록을 통해서 잘 알 수 있다. 이는 어떠한 한자를 쓰더라도 모두 동일하게 읽히는 것임을 증언한 것이다. (4나)에서는 당시 한국어(신라어)에 대한 음차 표기와 훈차 표기가 분명히 드러나는데, '居柒夫'는 당시 한국어(신라어) '거칠부'를 한자의 음을 빌려 표기한 음차 표기이고, 이를 훈차 표기한 것이 '荒宗'임을 잘 알 수 있다(참고로, 이러한 표기를 통해 당시에 "荒"의 의미를 가진 단어 '거칠-'이 존재했으며, "宗(임금)"의 의미를 가진 '부'라는 단어가 존재했음을 알 수 있다). (4다)에서는 '박혁거세朴赫居世'로 잘 알려진 인물에 대한 주석인데 '赫居世'가 신라의 말로서 '弗矩內'와 대응되고 있다. 이들을 대응시켜 보면 우선 '赫(붉을 혁)', '世(누리 세)'의 훈이 각각 '弗', '內'에 대응된다. 따라서 당시 '블그누, 블거누, 블거닉' 정도의 한국어를 훈차 표기한 것이 '赫居世'이고(이때, '居'는 음차 표기로 보이므로 엄밀한 의미에서 '赫居世'는 훈차 표기와 음차 표기가 같이 사용된 혼합 표기이다.), 음차 표기한 것이 '弗矩內'로서 모두 "밝은 세상" 정도의 의미를 지닌 고유명사이다. (4라)는 고구려 지명을 표기한 것인데, 여기에서는 '買'와 '水', '忽'과 '城'이 대응되므로, 당시의 '*미홀'이라는 고구려어를 음차 표기한 것이 '買忽'이고, 이를 훈차 표기한 것이 '水城'이라고 할 수 있다(참고로 훈차 표기 '水谷城'과 음차 표기 '買旦忽'의 대응을 통해 고구려어에 "谷"을 의미하는 단어 '旦(*tan, *tuan)'이 있었음을 알 수 있다). (4마)는 유명한 '원효元曉'라는 인명에 대한 주석인데, 앞서 살펴본 음차 표기와 훈차 표기 방식을 고려하면 '元曉'는 당시의 '원효'라는 한국어의 음차 표기라기보다는 훈차 표기였을 가능성이 크다. 곧 '始旦'의 의미와 통하는 어떤 신라어를 표기한 것일 터인데, 현재로서는 그것이 어떤 것인지 정확히 알기는 어렵다. 다만 '元曉'로 표기된 인물을 당시 사람들은 현재 널리 알려진 바와 같이 '원효'라고 부르지는 않았을 가능성이 높다.

삼국시대에 완성된 고유명사의 차자 표기 방식은 더 나아가 일반 명사의 표기에까지 그 대상을 확대하여 이후 고려시대는 물론 훈민정음이 창제된 이후에도 여전히 사용되었다. 다음은 13세기 중엽에 간행된 『향약구급방鄉藥救急方』의 약재명 표기에서 발견되는 차자 표기와 그에 해당하는 조선시대의 의학서의 차자 표기이다.

(5) 가. 汝乙伊(*너흐리) → 汝訖

　　나. 月乙老(*달뢰) → 月乙賴伊

　　다. 所邑朽斤草(*솝서근플) → 裏朽斤草

(5가)의 '汝'는 훈차 표기이고, '乙伊, 訖'은 음차 표기이다. (5나)의 '月'은 훈차 표기이며, '乙老, 乙賴伊'는 음차 표기이다. 특히 (5가, 나)의 『향약구급방』 표기와 조선 시대의 표기를 비교해 보면, 조선 시대의 표기가 좀더 정확하게 한국어를 음차 표기하고 있음을 알 수 있다. (5다)의 '草, 裏'는 훈차 표기이고, '所邑, 斤'은 음차 표기이다. 특히 여기에서는 『향약구급방』의 표기에서는 음차 표기했던 '所邑(솝)'이 조선 시대에는 훈차 표기 '裏'으로 나타나고 있음을 알 수 있다. 이때의 '솝'은 이후 '속'으로 변화한 것으로 중세 한국어 문헌에서 실제로 발견되는 단어이다.

2. 이두吏讀

한자를 이용하여 한국어의 고유명사를 표기할 수 있게 되자 여기에서 더 나아가 한국어 문장까지 한자를 빌려 표기하려는 노력이 나타나게 되었다. 이러한 노력의 결과라 할 수 있는 초기의 표기 방식을 알 수 있는 것이 바로 〈임신서기석壬申誓記石〉의 기록이다.

(6) 壬申年六月十六日 二人幷誓
記 天前誓 **今自** 三年以後 **忠道**
執持 過失无誓 若此事失 天大罪
得誓 若國不安大亂世 可容行
誓之…[壬申年(552 또는 612)
6월 16일에 두 사람이 함께
맹세하여 적는다. 하늘 앞에
맹세한다. 지금으로부터 3년
이후에 忠道를 지니고 과실
없기를 맹세한다. 만약 이 일
을 잃으면(잊는다면) 하늘의
큰 죄를 받을 것임을 맹세한

〈사진 1〉 임신서기석

다. 만약 나라가 불안하고 크게 어지러우면 가히 (충도를) 행할
것을 맹세한다.…]

(6)은 얼핏 보아 일반적인 한문과 유사해 보이지만 그렇
지 않다. 예를 들어 여기의 '今自, 忠道執持, 過失无誓, 若此
事失' 등은 일반적인 한문에서라면 '自今, 執持忠道, 誓无過
失 若失此事'와 같은 순서가 되었어야 할 것이다. 결국 (6)의
〈임신서기석〉은 한자를 한문이 아닌 한국어의 어순에 따라
배열한 것임을 알 수 있다. 이때의 한자를 영어로 바꾸어

이해하자면 '나는 너를 좋아한다.'라는 한국어 문장을 영어를 이용하여 'I you love.'와 같이 표기한 셈이다. 한자를 이용하여 한국어 문장을 표기하기 위한 초기에는 이렇듯이 표현하고자 하는 의미를 가진 한자들을 한문의 어순이 아닌, 한국어의 어순에 따라 배열해 놓는 것이었다.

그러나 이러한 표기로는 한국어의 다양한 문법 형태를 표기할 수 없으므로, 한국어 문장을 제대로 표현하기 어렵다. 따라서 한국어의 문법 형태나 자주 사용되는 단어를 고정시켜 표기하려는 노력이 있게 된다. 이러한 표기에도 역시 한자의 훈이나 음을 빌리게 되는데, 예를 들어 '以(써 이)', '爲(홀 위)'의 훈을 빌려 각각 한국어의 조사 '-로(써)'와 동사 'ᄒ-'를 표기한다든지, '古'의 음을 빌려 한국어의 연결 어미 '-고'를 표기하도록 고정시키는 것이다. 좁은 의미에서 이두는 바로 이렇게 한국어의 문법 형태나 일부 단어를 표기하는 데 사용된 한자들을 가리키는데, 이는 문헌에 따라 '이두吏讀, 이도吏道, 이토吏吐, 이서吏書'와 같은 명칭으로 나타난다. 그러나 일반적으로 이두는 이러한 방식의 한국어 문장을 표기하는 방법을 가리키는 용어로 사용되는데, 이렇게 표기법을 가리키는 이두와 좁은 의미의 이두를 구별하기 위해서, 좁은 의미의 이두를 '이두토'로, 이두토를 이용하여 국어 문장을 표기한 것을 '이두문'이라고 부르기도 한다. 따라서 이두문은 (6)과 같이 한문을 한국어 어순으로 배열한 문장에 한국어의 문법 요소를 차자 표기한 이두토가 더 들어간 문장이라고 할 수 있다.

표기법으로서의 이두가 형성되던 초기에는 이두토가 그리 다양하게 나타나지 않다가 이두 표기가 확립된 것으로 보이는 8세기 중엽 이후에는 다양한 이두토들이 사용되었다.

(7) 가. 辛亥年二月二十日 南山新城作**節** 如法**以**作 後三年崩破者 罪 **教事**爲聞 敎令誓事之[辛亥年(591) 2월 20일 남산신성을 지을 **때** 법대로 지었는데(또는 만일 법으로써 지은), 이후 3년에 무너져 깨지면(깨지는 것은) 죄가 **있는 일**로 하여 알도록 하여 맹세한다.] ──경주남산신성비, 591년

나. 二塔天寶十七年戊戌**中**立**在之** 娚姉妹三人業**以**成**在之** 娚者零妙寺言寂法師**在於**…[두 탑은 天寶 17년 戊戌年(758)**에** 세**웠다.** 오라비와 자매 3인이 業**으로** 이루**었다.** 오라비는 零妙寺의 言寂法師**였으며**(또는 言寂法師이시며)…] ──갈항사조탑기, 758년

다. 經 寫 時**中** 竝 淳淨**爲內** 新淨衣 褌水衣 臂衣 冠 天冠等 庄嚴 **令只者** 二 靑衣童子 灌頂針 捧**於** 又 靑衣童子 着 四 伎樂人 等 竝 伎樂**爲於** 又 一人 香水 行道中 散**於**…經 寫**在如**[경을 베낄 때에 **함께** 순정한 신정의와 곤수익, 비의, 관, 천관 등

으로 장식시킨 두 청의동자가 관정침을 받들며 또 청의동자
에 붙여 네 기악인들이 모두 기악하며 또 한 사람이 향수를
가는 길에 뿌리며…경을 베꼈다]

—화엄경사경조성기, 755년

　(7가)는 초기의 이두문으로서 한국어의 문법 형태를 표
기한 이두토는 그리 많이 발견되지 않는다. 이 가운데 '節'
은 후대에는 '디위'로 읽히고, '教事'는 '이샨 일'로 읽히는
것으로 확인되는 이두이다. 또한 '如法以'는 그 해석이 선명
하지는 않지만 여기의 '以'는 한국어의 도구격조사 '-로'를
표기한 이두임이 틀림없다. 이에 비해 (7나)는 본격적인 이
두문으로서, 초기 이두문에서부터 보이는 이두자는 물론
새로운 이두자들도 사용되어 한국어의 문장을 좀더 정밀하
게 표기하고 있음을 알 수 있다. 여기의 '中'은 한국어의 처
격조사를 표기한 것이고, '之'는 한국어의 종결어미 '-다'를
표기한 것으로서 초기의 이두문에서부터 보이던 이두토이
다. 이에 비해 '在', '㫆' 등은 이 시기의 이두문에 새로 나타
난 이두토로서 각각 한국어의 시상(또는 높임)의 선어말어
미, 연결어미를 표기하고 있다. (7다)는 완성된 이두문의 모
습을 보여준다. 여기의 '爲內(흔)', '如(-다)', '令只者(시간: 시
기+ㄴ)' 등은 초기 이두문에서는 발견되지 않는 이두토로서

특히 '슈只者(시긴)'은 한국어 동사 어간과 어미가 통합한 활용형 전체를 차자 표기한 것으로 이 당시에 차자 표기법이 매우 발달했음을 보여준다. 여기의 '只'는 이른바 말음 첨기자로서, 앞의 차자를 어떻게 읽어야 할지 판단할 수 있게 해 준다. 만일 이 첨기자가 없다면 앞의 '슈'을 훈독해야 할지 음독해야 할지 판단하기 어렵지만, '只'를 통해 앞의 차자를 읽으면 마지막 음이 '기'가 된다는 사실, 곧 '슈只'는 '시기'로 읽는 것임을 표시해 준다(참고: 夜音-밤, 城叱-잣). 이러한 말음첨기 방법은 차자 표기의 어려움을 덜어주고, 해독의 정확성을 높여 준 것으로 8세기 중엽에 이두 표기가 매우 발전했음을 말해 준다.

이렇게 발전한 이두 표기 방법은 고려 초기까지 그대로 이어졌는데, 고려 중엽부터는 그 이전에 쓰이던 이두토 '之(-다)'가 더 이상 쓰이지 않고 대신 '齊(-져)'가 쓰였다든지, 주체 높임의 선어말어미를 표기한 '賜(-시-)'가 더 이상 쓰이지 않는다든지 하는 이두토 자체의 변화 외에도 전 시기에는 이두문의 어휘 요소들을 훈을 읽는 훈독자가 많았으나 고려 중엽 이후에는 이러한 글자의 수가 급격히 줄어드는 변화를 보인다. 이는 지속적인 한자, 한문의 영향으로 비롯된 것으로 보인다.

원래 이두는 우리의 생각을 표현하기 위해, 즉 표현하고

자 하는 우리 문장을 글로 쓰기 위해 고안된 차자 표기 방법
이었으나, 한글 창제 이전에는 중국의 한문으로 된 책을 우
리말로 번역할 때에도 사용되었다. 이를 잘 보여주는 이두
자료가 『대명률직해大明律直解』(1395)와 『양잠경험촬요養蠶經
驗撮要』(1415) 등이다.

(8) 가. 本國乙 背叛爲遣 彼國乙 潛通謀叛爲行臥乎事[본국을 배반하고
　　　다른 나라를 몰래 상통하여 반란을 꾀하는 일] (원문: 謀背
　　　本國潛從他國)　　　　　　　　　　　　　—『대명률직해』 1:4

　　나. 蠶段 陽物是乎等用良 水氣乙 厭却 桑葉叱分 喫破爲遣 飲水不冬
　　　[누에는 양물이므로 물기를 싫어하고 뽕잎만 먹어치우고
　　　물을 먹지 않는다.] (원문: 蠶陽物大惡水 故食而不飲)

　　　　　　　　　　　　　　　　　　　　　　—『양잠경험촬요』 : 1

　조선 초기에는 국가 통치의 기본 법률이 완비되어 있지
못하기 때문에 임시로 명나라의 법률인 『대명률』을 기본
법률로 삼아 통치를 했던 만큼, 하급 관리들에게도 이를 알
릴 필요가 있었으므로, 하급 관리들이 알기 쉽게 『대명률』
을 이두문으로 번역하여 편찬한 것이 『대명률직해』이다. (8
가)에서 원문을 우리말 어순으로 풀어 배치하면서 필요한
한자를 보충하여 한자어를 만들고 이들 사이사이에 우리말

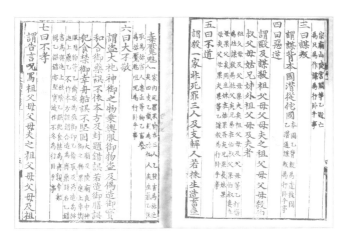

〈사진 2〉『대명률직해』

문법 요소들을 적어 번역했음을 알 수 있다. (8나)는 누에치는 방법을 하급 관리들에게도 알려 널리 보급하기 위한 목적으로 한문을 이두문으로 번역한 것이다. 이렇게 하급 관리들에게 널리 알릴 목적으로 편찬한 책이 이두문으로 되어 있다는 것은 당시 하급 관리들이 이두에 능숙해 있었음을 입증해 준다.

사실 이두라는 명칭 자체가 관청의 하급 관리들인 서리들이 사용하는 토吐라는 의미에서 온 것으로 보이는 만큼, 이두의 주된 사용 계층은 관청의 하급 관리들이었을 것으로 보인다. 이와 관련하여 『훈민정음』의 〈정인지 서〉에서 관청이나 민간에서 이두를 사용하고 있으나 모두 한자를 빌려 쓴 것이어서 어렵고 막혀 궁색할 뿐만 아니라 일상 언어를 적는 데는 그 만분의 일도 이루지 못한다고 말한 것이나, 최만리 등의 갑자상소문에서 수천 년 동안 관청의 문서 기록과 약속, 계약 등에 이두를 써 오면서 아무 탈이 없었다는 내용 등은 그동안 이두문이 관청의 문서나 민간의 계약 등에 사용되어 왔음을 알 수 있게 해 준다.

훈민정음이 창제된 이후에도 이두문은 관청의 문서나 민간의 계약 문서 등에서 줄곧 사용되어 일제 강점기까지 명맥이 이어져 왔다. 특히 조선 중기 이후에는 이두가 완전히 투식화하여, 조선 중기 이후의 이두문들은 그 표기 방법 등에서 큰 차이를 보이지 않는다. 이는 이두와 이두문에 대한 지속적인 교육이 있었기 때문에 가능한 일이라고 할 수 있는데, 실제로 이두를 사용해야 할 계층에 대해서는 이두와 이두문의 학습서를 통해 지속적인 교육이 이루어졌다. 이때 널리 이용된 학습서가 『유서필지儒胥必知』(18세기 이후), 『이문잡례吏文襍例』(18세기), 『이문吏文』, 『이문대사吏文大師』(이상 17~18세기) 등이다. 특히 이들 책에는 이두의 독음이 한글로 기록되어 있기도 해서 그 이전 시기 이두의 독법과 용법을 아는 데 크게 기여하였다. 그러나 이두가 천년 이상 명맥을 이어져 올 수 있었던 것은 기본적으로 이두의 자형이 한자와 크게 다르지 않고 이두문의 중요한 의미 부분은 한자로 기록했기 때문으로 보인다. 최만리 등의 갑자상소문에서도 확인할 수 있듯이 당시의 지배층은 이두가 기본적으로 한자와 한문을 알아야 쓸 수 있는 것이며, 이두문이 한문에서 크게 벗어나지 않았다고 판단했기 때문에 이두에 대한 거부감이 크지 않았다.

3. 향찰鄕札

향찰은 한자를 이용하여 한국어를 표기하는 차자 표기의 가장 완성된 방법이다. 이 명칭은 『균여전均如傳』의 서문에서 최행귀崔行歸가 중국 한시는 당문唐文으로 적는 데 비해 우리의 시는 향찰로 적는다고 한 데에서 비롯된 것이다. 고유명사 표기는 몇몇 한국어의 어휘를, 이두 표기에서는 한국어의 문법 형태나, 몇몇 단어만을 표기한 데 비해, 향찰은 한국어 문장을 모두 한자의 음이나 훈을 빌려 표기할 수 있는 차자 표기 방법이다. 이렇게 보면 향찰 표기는 이전의 고유명사 표기법과 이두 표기 방법을 확대함으로써 이루어진 표기 방법이라고 할 수 있다. 이는 실제 현전하는 향가의 향찰 표기에서 주로 어휘적 의미를 가진 부분은 훈독 표기로, 문법적 요소는 음독 표기로 이루어져 있다는 사실에서도 잘

알 수 있다(해독은 '김완진, 『향가해독법연구』, 서울대출판부, 1980'
의 것을 따랐음).

(9) 가. 生死路隱/ 此矣有阿米次肹伊遣 (生死 길흔/ 이에 이샤매 머
　　　 믓그리고)　　　　　　　　　　　　 ―「제망매가」 1-2구
　　 나. 去隱春皆理米/ 毛冬居叱沙哭屋尸以憂音 (간 봄 몯 오리매/
　　　 모돌 기스샤 우롤 이 시름)　　　 ―「모죽지랑가」 1-2구

　(9)는 향찰 표기의 예를 보인 것으로 한국어 문장을 모두
한자를 이용해 표기한 것이다. (9가)의 '路隱', '此矣' 등에서
각 앞부분은 어휘적 의미를 가진 '긿('길'의 중세 한국어형)',
'이' 등으로 표기한 것으로서 훈독되고, 뒷부분은 '은', '에'
등의 조사를 표기한 것으로서 음독된다. 또한 (9가)의 '遣'
은 국어의 연결어미 '-고'에 해당하는 요소를 표기한 것으
로서 이는 이두 표기에서도 똑같이 사용되던 차자이다. (9
나)의 '憂音'에서는 앞의 이두에서도 보았던 말음 첨기자
'音'을 볼 수 있다. 곧 여기의 '音'은 '憂音'의 말음이 'ㅁ'으
로 읽히는 것임을 표기한 것으로서 '시름'으로 읽힌다는 사
실을 말해 준다.
　이렇듯 향찰 표기에 사용된 차자의 자형이나 용법은 다른
차자 표기 방법과 유사점을 지니고 있다. 그러나 향찰 표기

는 다른 차자 표기법 가운데 특히 뒤에서 살펴볼 석독구결과 매우 밀접한 관련이 있는 것으로 판단된다. 다른 차자 표기에는 나타나지 않는 차자가 향찰과 석독구결 자료에서만 발견되기도 하고, 차자의 용법이 거의 일치하고 있기 때문이다. 예를 들어 향찰 표기에 나오는 '遣只賜(고기시)'가 석독구결 자료에서도 그대로 'ㅁ ㅅ ㄹ(고기시)'로 나타나며, 다른 차자 표기 자료는 물론 한글 자료에서도 잘 발견되지 않는 어미구조체 '-읎다'의 표기가 향찰에서 '-音叱如(음ㅅ다)'로, 석독구결 자료에서도 '-ㅎ ㄴ ㅣ(읎다)'로 나타나기도 한다.

향찰 표기가 가장 완성된 차자 표기 방법이기는 하지만, 향찰 표기 자료는 현재 향가 표기 이외에는 발견되지 않는다. 현재 남아 있는 향찰 자료는 『삼국유사』에 수록된 신라 향가 14수와 『균여전均如傳』에 수록된 균여의 향가 11수, 그리고 『평산신씨고려태사장절공유사』에 수록된 고려 예종의 〈도이장가悼二將歌〉 등이 전부인 것이다. 이 때문에 향가의 발전과 함께 그 가사를 표기하기 위한 표기법이 필요했고, 이러한 이유로 발전한 것이 향찰 표기일 것으로 추측하기도 한다. 그렇다면, 진성여왕 대에 향가집 『삼대목三代目』(888)이 편찬되었다는 기록이 있으므로 향찰 표기법은 9세기말 이전에 이미 완성되었다고 볼 수 있을 것이다.

그런네 또 한편으로는 향찰 표기가 널리 사용될 수 없었던 또 다른 이유가 있었던 듯하다. 향찰 표기는 표기의 방법이 훈차와 음차로 열려 있고, 또 훈차나 음차를 할 때에도 어떤 차자를 사용하여 표기할지도 오로지 표기자의 선택에 달려 있게 되어, 이를 읽는 사람은 향찰로 표기된 문장들을 항상 '해독'하면서 읽어야 하는 불편함이 있다. 바로 이러한 표기법으로서 지니고 있는 향찰의 특성이 향찰이 단명하게 된 이유 중의 하나일 것이다.

4. 구결口訣

지금까지 살펴본 차자 표기 방식인 '고유명사 표기, 이두, 향찰' 등은 모두 머릿속의 생각이나 감정을 표현하기 위해 고안된 것이다. 이와는 달리 생각이나 감정을 표현하기 위한 것이 아니라 이미 기록되어 있는 문헌을 한국어로 이해하기 위해 고안된 차자 표기법도 사용되었다. 이것이 바로 '구결口訣'인데, 구결은 이미 기록된 한문을 읽을 때 전후의 문법 관계를 표시하기 위해 중간 중간에 끼워 넣는 한국어의 문법 요소, 곧 '토'를 말한다. 원래 '구결'이라는 한자어가 있으나 이는 '口授傳訣'의 약자로서 차자 표기로서의 구결과는 전혀 관계가 없는 말이다. 그럼에도 이러한 차자 표기를 ‘구결’이라고 부르게 된 것은, 일반적으로 ‘토’라고 부르는 ‘입곁’이라는 우리의 고유어를 훈차 표기한 결과가 ‘구결口訣’이 되었기 때문이다(한국어 ‘입곁’은 “口, 吟”을 의미하는 ‘잎-’과 “사물의 부차적 특징”을 가리키는 ‘곁’의 합성어이다).

(10) 가. 天地之間萬物之中唯人最貴所貴乎人者以其有五倫也

　　　　　　　　　　　　　　　　　　　　　　　—〈동몽선습〉

　　나. 天地之間萬物之中**涯(애)**唯人**伊(이)**最貴**爲尼(ᄒ니)**所貴乎人者**隱(는)**以其有五倫也**羅(라)**

　　다. 天地之間萬物之中ᄼ(애)唯人ﾍ(이)最貴ﾂﾄ(ᄒ니)所貴乎人者ㄱ(는)以其有五倫也ᄉ(라)

　(10가)는 한문 원문을 보인 것이다. 원래 한문은 띄어쓰기가 없어 어디에서 끊어 읽어야 할지 알기 어렵고, 끊어 읽더라도 전후 내용이 어떤 문법적 관계에 있는지도 정확히 파악하기 어렵다. 이러한 어려움을 해결하기 위해서, 한문 원문에서 끊어 읽어야 하는 부분에 전후 내용의 문법적 관계를 알 수 있는 토, 곧 구결 ‘涯(애)’, ‘伊(이)’, ‘爲尼(ᄒ니)’, ‘隱(은/는)’, ‘羅(라)’를 차자 표기로 적어 넣은 것이 (10나)이다. (10나)는 (10가)에 비해 한문의 내용을 한국어로 이해하는 데 매우 수월함은 물론이다. (10나, 다)와 같이 한문에

구결이 달려있는 문장을 전체를 '구결문'이라고 부른다.

그런데 이런 구결은 한문 원문을 공부하는 과정에서 개인적으로 기입해 넣는 일이 일반적인데, 일일이 손으로 써넣을 때에는 우리말의 토, 곧 구결을 차자한 한자(구결자)들을 모두 정자로 써넣기는 쉽지 않다. 따라서 차자 구결을 적어 넣을 때에는 그 한자의 초서체 등에서 일부 획을 생략한 약체자로 적어 넣는 일이 일반적이다. 이를 보여 준 것이 (10다)이다. 여기에 보이는 'ㄱ(-애)'는 음차자 '涯, 또는 厓'에서, 'ㅅ(-이)'는 훈차자 '是'에서, 'ㅄ(ㅎ-)'는 훈차자 '爲'에서, 'ㄴ(-니)'는 음차자 '尼'에서, 'ㄱ(-은)'은 음차자 '隱'에서, 'ㅅ(-라)'는 '羅'의 초서체에서 온 약체자 구결이다. (10나)와 같이 구결자가 정자체로 기입되는 경우는, 한문 본문에 단 구결자까지 함께 책으로 간행할 때나 왕실에서 왕자들의 교육을 위해 구결을 기입할 때 등 극히 제한적이다.

이러한 구결은 한문으로 된 불경 등의 서적을 읽기 위해서 훈민정음이 창제되기 훨씬 이전부터 사용되어 왔다.

(11) 가. 汝此肉身ㄱ(은)爲同金剛ㅄ(ㅎ아)常住不朽ㅄㅑㅣ(ㅎ리아)爲復變壞ㅄㅑㅣ(ㅎ리아)   ―『능엄경』

　　나. 國之語音이異乎中國ㅎ야與文字로不相流通홀씨

　　　　　　　　　　　　　　　　　　　　　　―『훈민정음언해』

(11가)는 훈민정음이 창제되기 이전 고려시대에 간행된 『능엄경』으로서 차자 구결이 약체자로 직접 기입되어 있는 것이다. 훈민정음이 창제된 이후에는 (11나)와 같이 기존의 차자 구결자가 한글 구결로 기입되는 일도 있었다. 그러나 훈민정음이 창제된 이후에도 사서삼경이나 불경 등에 차자 구결이 기입되는 일이 더 많았다.

(10), (11)에서 살펴본 구결문은 순서대로 한문을 읽어 가다가 기입된 구결이 있으면 구결을 읽고 다시 계속 순차적으

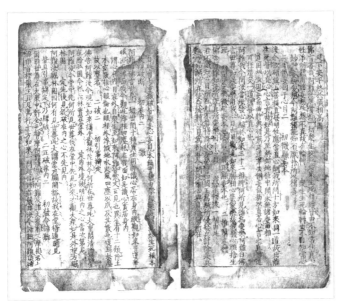

〈사진 3〉 고려판 『능엄경』(소곡본)

로 한문을 읽어 가는 방법의 구결이다. 이러한 구결을 순차적으로 읽어가는 구결이라 하여 '순독구결', 또는 한문 원문은 그대로 한자의 음만을 읽는다 하여 '음독구결'이라고 부른다(이하에서는 '음독구결'로 부른다). 한동안 구결에는 이러한 음독구결만이 있는 것으로 알려져 왔다. 그러나 1974년 서산 문수사의 철불을 보수하던 중 나온 복장품 가운데 『구역인왕경舊譯仁王經』의 일부인 5장이 낱장으로 발견되면서 또 다른 방식의 구결이 있었음이 알려지게 되었다. 음독구결은 일반적으로 한문 본문의 오른쪽 행간에 구결자를 기입하는 일이 일반적인데, 『구역인왕경』의 구결은 한문 원문의 좌우 행간에 모두 구결자가 기입되어 있고, 읽어 왔던 부분에서 읽지 않고 넘어왔던 부분(한문 본문의 왼쪽에 구결자가 기입된 부분)으로 다시 돌아가 그 부분을 왼쪽 구결자와 함께 읽으라는 '역독점逆讀點'도 찍혀 있다. 또한 음독구결에서는 한문 원문의 음만을 읽지만, 여기에는 한문 원문의 한자의 새김으로 읽어야 하는 경우도

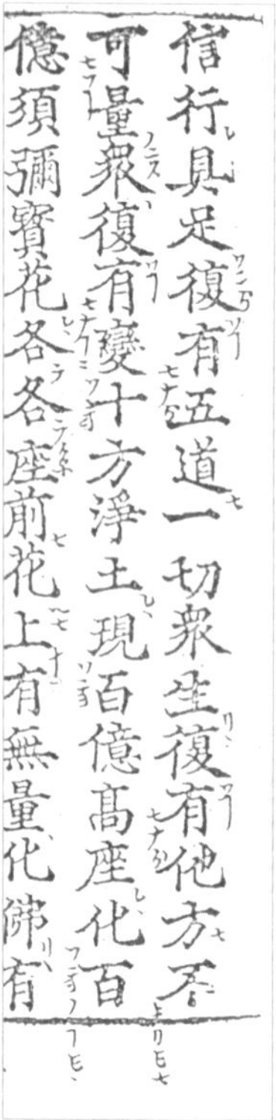
信行具足復有五道一切衆生復有他方不
可量衆復有變十方淨土現百億高座化百
億須彌寶花各各座前花上有無量化佛有

〈사진 4〉『구역인왕경』

있다. 이렇게 훈, 또는 석을 읽는다 하여 이러한 구결을 '석독구결釋讀口訣'이라고 부른다.

『구역인왕경』의 구결문은 다음과 같다.

(12) 가. 信行^ㄴ其足^{ᄼ ᅩ ᄼ}復^{ᄼ ㅣ}有ㄷㄱ以五道ㄴ一切衆生^ㅣ·復^{ᄼ ㅣ}有ㄷㄱ以他方ㄴ不失ㅣㅌㄷ可ㄷ^{ᄼ ㅣ}·量^{ノ ᅡ}·衆·

—『구역인왕경』

나. 信行乙 其足ᄼ ᅩ ᄼ 復ᄼ ㅣ 五道ㄴ 一切衆生ㅣ·有ㄷㄱ以 復

ᄼ ㅣ 他方ㄴ 量ノ ᅡ· 可ㄷ^ᄼ ㅣ· 不失ㅣㅌㄷ 衆· 有ㄷㄱ以

다. 信行을 其足ᄒ시며 또훈 五道ㅅ 一切衆生이 잇겨며 또훈

他方ㅅ 量홈 짓훈 안디잇 물('무리'의 중세 한국어형) 잇

겨며

우선 여기에 보이는 구결의 'ㄴ(을)'은 '乙', 'ᄼ ᅩ ᄼ(ᄒ시며)'는 '爲示旀', 'ᄼ ㅣ(훈)'은 '爲隱', 'ㄴ(ㅅ)'은 '叱', 'ㅣ(이)'는 '是', 'ㄷㄱ以(ㅅ겨며)'는 '叱在旀', 'ノᅡ(홈)'은 '乎音', '失ㅣㅌㄷ(디이ᄂㅅ)'은 '知是飛叱' 등의 原字에서 온 것이다. (12가)는 가로쓰기의 편의상 원래 본문의 우측에 달린 구결은 위첨자로 제시한 것이고, 이를 해독한 것이 (12나)이다. (12가)에서 우선 우측에 구결이 달린 부분(현재 위첨자 부분)을 읽어서 '信行乙 其足ᄼ ᅩ ᄼ 復ᄼ ㅣ'까지 오면 좌측에 구결

이 달린 '有ㄴㅏゝ'가 있는데, 일단 이를 무시하고 다음 부분을 읽는다. 따라서 '信行乙 其足ソ二ゝ 復ソㄱ 五道ㄴ 一切衆生ㅣㅣ'까지 읽게 되는데, '一切衆生ㅣㅣ' 뒤에 역독점 '·'이 찍혀 있으므로 다시 뒤로 돌아가 아까 읽지 않았던 좌측에 구결이 달린 '有ㄴㅏゝ'를 읽는다. 그러면 결과적으로 '信行乙 其足ソ二ゝ 復ソㄱ 五道ㄴ 一切衆生ㅣㅣ· 有ㄴㅏゝ'로 읽힌다. 그리고 계속 좌측에 구결이 달린 '有ㄴㅏゝ'와 '不犭ㅣㅌㄴ 可ㄴソㄱ·'을 무시하고 우측 구결이 달린 부분만 읽으면 '復ソㄱ 他方ㄴ 量ノㅎ·'까지 오게 되는데, 여기에 역독점이 있으므로 전에 안 읽은 부분 중 바로 앞에 있는 '可ㄴソㄱ·'을 읽고, 여기에도 역독점이 있으므로 그 바로 앞의 전에 안 읽었던 '不犭ㅣㅌㄴ'을 읽은 뒤, 역독점이 없으므로 지금까지 읽었던 뒷부분인 '衆·'을 읽는다. 여기에도 역독점이 있으므로 되돌아가 전에 안 읽고 넘어갔던 '有ㄴㅏゝ'를 읽는다. 이 결과가 (12나)인 것이다. 또한 여기의 '有ㄴㅏゝ'에서 한문 원문의 '有'를 음독구결에서와 같은 방식으로 음으로 읽으면 '*웃겨며'라는 이상한 구결문이 된다. 따라서 여기의 'ㄴ(ㅅ)'은 '有'의 새김을 읽었을 때의 말음을 표시한 것으로 보아 이를 '잇겨며'로 읽어야 한다. 여기의 '復ソㄱ', '可ㄴソㄱ' 등의 한문 원문의 한자도 새김으로 읽어야 한다. 그 결과를 보인 것이 (12다)이다.

이렇게 보면 결국 석독구결문은 한국어와 전혀 다른 어순을 가진 한문을 완전히 한국어의 어순으로 풀고, 그 한문의 한자 중 일부도 한국어로 읽어 완전히 한국어의 문장으로 읽은 것임을 알 수 있다. 그러나 석독구결문도 완벽하게 한문을 한국어 문장으로 읽은 것은 아니어서 한국어 문장으로는 한 문장이 될 것을 두 문장으로 분리해 읽는 등 완전히 자연스럽지는 않다. 한문으로 기록된 문헌을 받아들이는 초기에는 이렇듯이 한국어에 가깝게 원문을 풀어 읽었을 것으로 보인다. 따라서『삼국사기』,『삼국유사』에서 설총薛聰이 9경 또는 6경 문학을 '방언方言(우리말)'으로 읽었다는 기록은, 설총이 석독구결문로 경전을 풀어 읽었음을 말해주는 것으로 보인다. 또한 대각국사 의천이 편찬한『신편제종교장총록新編諸宗教藏總錄』(11세기 말)에, 의상대사의 화엄경 강의를 모아 엮은『요의문답』,『일승문답』에 '방언'이 섞여 있다는 기록으로 미루어 설총보다 더 이른 시기에 석독구결로 경전을 풀어 읽는 방법이 있었을 것으로 보기도 한다. 이렇게 하여 만들어진 석독구결법은 점차 한문에 대한 이해가 깊어지면서 음독구결로 발전하게 된 것으로 추정된다.

현재 전하는 석독구결 자료는 균여의『석화엄교분기원통초釋華嚴教分記圓通鈔』(10세기 중엽) 권3에 있는 기석,『화엄경소』(11세기말, 12세기 초) 권35,『화엄경』(12세기 중엽) 권14,

『합부금광명경』(13세기 초) 권3, 『구역인왕경』(13세기 중엽) 권상,『유가사지론』(13세기 후반) 권20 등이 있다. 그러나 이들 자료에 기입된 석독구결은 매우 보수적이어서 13세기 이후에 기입된 구결이라고 하더라도 12세기 이전의 한국어를 반영한 것으로 보인다. 석독구결 자료와 유사한 시기인 13세기 후반에 간행되고 그 이후에 구결이 기입된 음독구결 자료들의 구결은 대부분 15세기 한글 자료의 문법 형태와 유사점을 찾을 수 있지만, 석독구결은 15세기 자료와 매우 다른 모습을 보여주고 있다. 이는 구결자와 구결법의 보수성으로 말미암은 현상이라고 할 것이다.

최근에는 일본에서 붓이 아니라 끝이 날카로운 각필로 종이 위를 눌러 훈점을 찍은 자료가 소개되면서, 국내에도 각필로 한문 원문의 주위에 점으로 표시를 한 이른바 '각필 구결(또는 '부호 구결')'이 존재함이 알려지기도 했다. 이는 한자를 사각형으로 보고 특정 위치를 석독구결에 대응시켜 각필로 점이나 선으로 표시한 자료로서 그 석독구결과 같다. 이러한 이유로 이러한 구결을 '점토 석독구결'이

〈사진 5〉 유가사지론(점토 석독구결)

라 부르기도 한다. 이렇게 각필을 이용한 한문 독법의 표시 방법이 이른 시기 일본에서 고안된 것으로 알려져 왔던 것이었으나, 국내의 각필에 의한 점토 석독구결 자료들이 발견되면서 이 방법이 한반도로부터 전래된 것일 가능성이 크다고 알려지게 되어 주목되기도 하였다.

이상에서 살펴본 '고유명사 표기, 이두, 향찰, 구결(음독구결, 석독구결)' 등의 차자 표기법의 체계를 표로 정리해 보면 다음 〈표 1〉과 같이 정리해 볼 수 있다.

〈표 1〉 한국어 차자 표기법 체계

표기 대상	표기의 목적		차자 표기
고유명사(인명, 지명, 관직명)	표현		**고유명사 표기**
문장	표현	부분적	**이두**
		전면적	**향찰**
	이해	부분적	**음독구결**
		전면적	**석독구결**

참고문헌

안병희, 『국어사연구』, 문학과지성사, 1992.

이기문, 『국어사개설』(개정판), 탑출판사, 1972/1986.

장윤희, 「이두 연구사」, 『한국의 문자와 문자연구』(송기중 외 편), 집문당, 397~426쪽, 2003.

장윤희, 「석독구결 및 그 자료의 개관」, 『구결연구』 12, 구결학회, 47~80쪽, 2004.

장윤희, 「향찰 연구의 회고와 전망」, 『구결연구』 21, 구결학회, 203~230쪽, 2008.

제2부
동아시아의
소통과 책

『고려도경高麗圖經』
: 12세기 초 송 사신이 본
고려사회의 이모저모

이진한

고려대학교 사학과와 동대학원에서 고려사 연구로 박사 학위를 받고 현재 고려대학교 한국사학과 교수로 재직 중이다.
주요 저서로는 『고려전기 관직과 녹봉의 관계연구』(1999), 『고려시대 송상왕래 연구』(2011), 『고려시대 무역과 바다』(2014) 등이 있다.

『고려도경高麗圖經』※

: 12세기 초 송 사신이 본 고려사회의 이모저모

1. 들어가며

　　『고려도경』의 정식 명칭은 『선화봉사고려도경宣和奉使高麗圖經』이다. 제목을 풀어보면 선화 연간에 고려에 사신을 다녀온 후 만든 그림이 있는 책이라는 뜻이다. 선화는 송 휘종의 연호로 1119년부터 1125년까지 사용되었고, 저자인 서긍徐兢이 정사 노윤적路允迪·부사 부묵경傅墨卿과 더불어 고려에 사행한 해가 선화 4년인 1123년이다. 귀국한 뒤 고려에

　　※ 이 글은 인천시립박물관에서 강연했던 내용을 토대로 최근 연구 성과를 추가하여 완성한 것이다. 여러 선학의 업적을 인용하였으나, 편집 방침에 따라 각주로 달지 못하고, 참고문헌으로 일괄해서 정리하였다는 점을 양해해주기 바란다. 한편 참고문헌 목록은 金翰奎, 「한·중 관계사 상의 『宣和奉使高麗圖經』」, 『한중관계 2000년: 동행과 공유의 역사(刊湖全海宗先生九旬紀念韓國關係史論叢)』, 서강대학교 동양사연구실 편, 소나무, 2008의 도움을 많이 빛었다.

서 듣고 본 일을 28문門(대분류)으로 분류하고 다시 301개의 항목으로 나누어 글로 기록하였고, 이해를 돕기 위해 그림을 함께 그려 넣었다. 1124년에 완성되어 송 휘종에게 바쳤으나, 1127년에 송이 금의 공격을 받아 두 황제가 사로잡히고 북송이 멸망하는 전란의 와중에 책이 훼손되었기 때문에 10여 년 뒤에 다시 발견되었을 때는 그림의 부분이 없어졌다. 서긍의 사후에 조카 서천徐蕆이 남아 있던 부분을 40권으로 정리하여 판각하였으며 이를 건도 연간에 간행되었다고 하여 '건도본乾道本' 또는 징강 지역에서 간행되었다고 하여 징강본澂江本이라고 한다. 이후 필사본·목판본·활자본 등의 다양한 각편各編이 전해지며, 어느 것이든 징강본·건도본을 저본으로 삼고 있다.

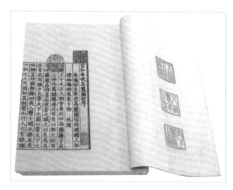

〈사진 1〉 고려도경

이와 같이『고려도경』은 고려의 정치·경제·군사·산천·인물·의례·종교·교육·공예·풍속 등을 기술하고 생동적인 그림을 넣어 사실성을 높였다. 전란으로 인해 그림이 없어졌음에도『고려도경』은『송사』「고려전」보다 약 100년 정도 먼저 간행되었기 때문에 원대에『송상』「고려전」을 편찬할 때 고려사회를 묘사하는데 많이 인용하였으며,『고려사절요』,『동국여지승람』 등에서도 일부가 전해졌다.『고려도경』은 서긍이 고려에 사행하고 즉시 기록하였다는 점에서 사료적 가치가 매우 높게 평가되었고, 청대의『사고전서총목제요四庫全書總目提要』에서는『고려도경』에 대해 "고려국의 산천, 풍속 및 왕래도로에 대해 상세히 기록하지 않은 것이 없다"고 하였다. 조선후기에 고려왕조에 대한 관심이 증대되면서『고려도경』에도 주목하는 사람들이 많아졌고, 필사를 통해 텍스트가 널리 확산되어 고려에 대한 이해를 축적해가는 데 이바지하였고 최근에는 영인본과 활자본이 간행되어 있다.

『고려도경』은 고려시대 개경의 관부와 의례에 대한 기록을 비롯하여 사회사·문화사·생활사 분야 등 다양한 내용을 담고 있어서 고려시대사는 물론 한국의 전통 사회를 파악하는데 빼놓을 수 없는 소중한 서적임에 틀림없다. 이에 저자·편찬경위·내용 및 몇 가지 주요한 특징 등을 중심으로 실제 기록과 연계시켜 소개해보고자 한다.

2. 서긍은 누구인가?

서긍(1091~1153)의 자는 명숙明叔이다. 18세에 태학太學에 들어가 재예才藝를 겨뤄 자주 높은 등급을 차지하였으나, 과거에 급제하지 못하였다. 1114년에 조청대부·직비각朝請大夫·直秘閣을 지낸 아버지 서굉중徐閎中의 음서로 장사랑將仕郎에 임명되었고, 통주사通州司·형조사刑曹事를 제수받았으며, 옹구현령雍丘縣令, 정주鄭州 원무현사原武縣事, 제주사사濟州司士 등의 외직을 거쳐 원풍고감元豐庫監에 임명되었다. 1123년에 송 황제가 국신사를 보내어 보빙報聘하게 할 때 국신소國信所의 제할인선예물관提轄人船禮物官으로 발탁되었다. 임무를 마치고 돌아와 『고려도경』40권을 저술하여 바치자 휘종이 대단히 기뻐하며 편전에 불러 동진사출신同進士出身을 주고, 지대종정승사·장서학知大宗正丞事·掌書學으로 발탁하였다. 뒤에 상서형부원외랑尚書刑部員外郎에 이르렀으나, 재상의 일에 연좌되어 파직되었다가 연강제치사참모관沿江制置司參謀官을 제수받고, 평소의 관심에 따라 도교의 사당을 담당하는 봉사奉祠를 청하여 남경홍경궁南京鴻慶宮과 태주숭도관台州崇道觀 등을 역임하였다.

〈그림 1〉송휘종(재위: 1100-1125) 초상*

서긍의 성품은 효성과 우애가 있었으며, 남에게 베풀기를 좋아하였다. 고금의 전적을 섭렵하여 그 내용을 탐색하고 요점을 정리하였으며, 불가·노자·손무孫武·오기吳起 등의 책들과 더불어 천경天經·지지地誌·방언方言·소설小說에 이르기까지 두루 통하였다. 시가를 잘 지었으며, 전서 등의 서법에 뛰어

---

* 송 휘종은 거란의 세력이 약해지자 고려에 대한 외교를 더욱 적극적으로 진행하여 고려 사신의 대우를 높여주고 그 동안 고려가 요청해도 주지 않던 문화적 산품을 하사하여 환심을 사고자 했다. 서긍은 1123년 휘종의 명을 받고 고려 사신단의 일원으로 포함되었으며, 사행을 마친 뒤『고려도경』을 휘종에게 바치자 음서출신인 서긍에게 과거급제자에 준하는 자격을 주고 벼슬을 높여주었다.

났다. 그림은 신품神品의 경지에 들어갔다고 하는데 산수와 인물 두 가지가 다 뛰어났으며, 붓을 적셔 먹을 뿌려 잠깐 사이에 그림을 완성하는 재주가 있었다. 1123년 고려 사행에 참여하게 된 것은 그의 이러한 재능 때문이었다. 정사인 노윤적은 고려에서 견문한 것을 글로 적고 그림으로 그려 책을 만들 수 있는 적임자로서 서긍을 기용했던 것이다.

3. 편찬경위와 송과 고려의 관계

서긍은 『고려도경』의 편찬 목적을 서문에서 다음과 같이 밝혔다.

"천자가 정월 초하루에 큰 조회(朝會)를 갖는데, 뜰에다 천하[四海]의 도적(圖籍)을 다 늘어놓아 왕·공·후·백이 만국에서 모여들어도 그들을 다 헤아려 알 수가 있다고 한다. 중국에서 외사(外史)는 그 일들을 써서 사방의 지(志)를 만들었고, 사도(司徒)는 그것들을 모아 지도를 만들었다. 송훈(誦訓)은 그것들을 설명해서 살필 일을 알려주고, 토훈(土訓)은 그것들을 설명해서 토지의 일을 일러 주었다. 이 때문에 천자는 더할 수 없는 존귀함으로서 깊숙한 구중궁궐에서 높이 팔짱끼고 지내면서도 사방 만 리의 먼 곳을 손바닥 보듯이 환히 알 수 있었다. 그러므로 천자의 사명을 받고 외국에 사행 가는 자는 도적(圖籍)에 대해 실로 먼저 힘써야 한다."

이 내용을 한마디로 요약하면 황제가 직접 고려에 가지 않고도 일목요연하게 글과 그림으로써 알게 해주는 것이 고려에 가는 사신으로 선발된 자신의 주요한 책무의 하나라는 뜻이다. 이처럼 서긍이 고려의 실정을 상세히 기록하여 황제에게 알리고자 한 것은 당시 송이 추진하던 고려와 연합하여 거란—거란의 국호는 요, 대거란, 대요의 순으로 바뀌었으며 편의상 시기에 구분 없이 거란을 사용함—을 제압하려는 정책과 깊은 관련이 있다.

〈지도 1〉 요송접경도(박한제 외, 『아틀라스 중국사』, 사계절, 2007, 93쪽)*

* 거란은 중국 북부를 차지하고, 남쪽 대부분은 송의 영토였다. 그러나 장성 이남의 군사적 요충지인 연운16주를 거란이 점령하였기 때문에 송은 항상 거란의 침략 위협에 시달릴 수밖에 없었다.

916년에 건국된 거란은 강력한 군사력을 바탕으로 중원의 왕조를 위협하였으며, 오대의 세 번째 왕조인 후진後晉은 거란의 도움으로 세워진 괴뢰국가였다고 할 만큼 거란의 영향력이 막대하였다. 오대의 마지막 왕조인 후주後周를 몰아내고 즉위한 송 태조 조광윤趙光胤을 비롯하여 송의 역대 황제는 후진 시기에 거란에게 할양한 장성 이남 지역을 되찾고, 북방의 안정을 꾀하기 위해 여러 차례 공격하였지만 잇달아 패하고 굴욕적인 맹약과 더불어 많은 세폐를 주는 수모를 당하였다. 따라서 후진·후주 등 오대의 왕조는 물론 송의 여러 황제들은 거란의 배후에 있는 고려에 주목하고, 동맹을 맺어 거란을 협공하고자 했다. 송이 고려의 성종에게 다섯 번의 책봉을 하고 고려에게 귀한 서적 등을 포함한 회사품回賜品을 많이 주며 후대했던 것은 그만큼 송이 고려를 절실하게 필요로 했기 때문이다.

고려가 군사적 강국인 거란을 멀리한 채 선진문물을 수입하고 경제적 실리를 얻기 위해 바다 건너 송과 친교를 하는 사대 실리외교는 거란의 1차 침입으로 중단되었다. 고려는 거란에 사대를 하면서도 송에 사신을 보내는 이중외교를 행하였고, 고려의 행태에 불만을 품은 거란은 먼저 압록강 지역의 여진을 제압하여 송과 여진의 연결고리를 끊은 뒤 목종을 폐하고 현종을 옹립한 강조康兆의 정변을 바로잡는다는 것을 명분으로 2차 침입을 하였다. 이 때 거란은 고려의 북쪽 국경 지역을 완전히 점령하지 않은 채 개경을 직접 공격하여 점령하자 고려의 현종은 남쪽으로 몽진蒙塵하는 위기에 처했으나 거란군은 물러가는 과정에서 고려군의 반격을 받고 많은 손실을 입었다. 거란은 전쟁 이후에도 계속 고려 국경을 침입하여 1015년에는 압록강 중간에 있는 전략적 요충인 보주保州를 점령하고 재침을 준비하였다. 마침내 1018년 겨울에 거란은 10만의 병사로 고려를 침략하였으나 이미 거란의 침입을 예상하고 철저히 준비하고 있던 고려는 강감찬의 지휘하에 귀주대첩을 거두고, 잇달아 거란을 공격하여 궤멸시켰다. 전쟁이 끝난 뒤, 거란이 고려와의 화해 의사를 전하고 고려도 더 이상의 전쟁이 국익에 도움이 되지 않는다고 판단하여 고려와 거란은 조공·책봉 관계를 회복하기로 하였다.

이러한 상황에서 1044년 송의 재상 부필富弼은 거란과의 전쟁에서 승리한 고려와 연합하여 거란을 제압하려는 소위 '연려제요책聯麗制遼策'을 제시하였다. 문종이 즉위한 후, 송과의 외교에 관심을 보이자 거란은 여섯 차례나 문종의 책봉호를 더해주고, 고려가 간절히 받고자 했던 거란이 대장경을 하사하는 한편 국경에서 영토분쟁을 일으키는 강온양면책을 통해 고려와 송의 통교通交를 막으려 하였다. 1068년 송의 신종神宗이 즉위하고 왕안석王安石을 등용하여 신법을 시행하고 국방상 목표인 거란에게 빼앗긴 연운 16주燕雲十六州(장성 이남 지금의 북경 지역과 그 주변의 16개 큰 행정단위) 지역을 회복하기 위해 송상으로 하여금 고려 문종에게 통교 의사를 전달하였다.

〈그림 2〉 송신종(좌)과 왕안석(우)(대만고궁박물원)*

문종은 송에 사신을 보내는 것이 자칫 거란과의 전쟁을 초래할 수 있는 위험한 일임을 알면서도 송과의 조공외교를

* 신종은 왕안석을 기용하여 부국강병을 위한 개혁정치를 주도하도록 하였으며, 궁극적으로 고려와 연합하여 거란을 제압하고자 고려와의 외교를 재개하였다.

통한 경제적 실리를 얻기 위해 대송통교를 결정하였다. 그러므로 문종은 문제를 최소화하기 위해 거란에 대한 사대의 예를 소홀히 하지 않고, 국방을 강화하여 거란의 침입에 철저히 대비하면서 송에 사신을 보내는 이중외교를 펼쳤다. 이때 고려와 송의 양국은 제후와 황제의 조공·책봉 관계가 아니라 어느 정도 대등한 형식의 국신관계였다. 그래서 송에서 고려에 오는 사절은 나라간의 외교사절이라는 의미의 국신사였고, 고려에서 송으로 가는 사절은 조공사朝貢使나 성절사聖節使(황제 등의 생신에 가는 사신)가 아닌 진봉사進奉使(방물을 바치는 사절) 또는 사은사謝恩使(황제의 고마운 은덕에 사례하기 위해 가는 사절)의 명칭을 가질 수밖에 없었다. 고려가 거란의 위협을 감수하고 대송통교를 재개한 대가로 송은 엄청난 회사품을 고려에 주었기 때문에 고려는 외교를 통해 막대한 경제적 이익을 얻었다. 문종의 사후 거란은 선종이 송에 사신을 보내지 못하도록 책봉을 늦추고 각장榷場(국경 지역에 설치되는 交易場)을 설치하는 국경 분쟁을 일으켰으나, 선종과 숙종이 문종의 유지를 따라 대송 통교를 멈추지 않았다. 예종대에 들어서자, 거란의 국력이 현저하게 쇠약해져갔다. 이를 파악한 송의 휘종은 고려에 더욱 후한 혜택을 주었고, 송에 호감을 갖고 있던 예종도 친송정책을 강화하였다. 그 사이 고려의 거란에 대한 사대가 중단되었고, 양국의 우호적인 분위기 속에서 송이 새롭게 완성한 아악인 대성악大盛樂과 총 1,000여 권에 이르는 백과전서百科全書인 『태평어람』 등의 귀한 선진문물이 고려에 전해질 수 있었다.

거란이 점차 쇠퇴하던 예종대 말에 송은 고려에 사신을 보내 중국 북방 지역의 회복이라는 전략적 목표를 실현하기 위해 외교적 협조를 얻고, 유사시에 고려를 경유하여 북방을 공격하려고 했으므로 고려에 관해 가능하면 많은 정보를 얻고자 했던 것이다. 송은 고려와의 연합을 구체화하기 위해 국신사를 고려에 파견할 것을 결정하였으나 1122년에 예종이 갑자기 죽고 인종이 즉위하자 고려 국신사國信使로 임명된 노윤적과 부묵경에게 제전사祭奠使(송 황제를 대신하여 전왕인 고려 예종에 대한 제사를 담당하는 사신)와 조위사弔慰使(송 황제를 대신하여 신왕인 고려 인종에게 조의를 전하는 사신)를 겸하도록 하였다.

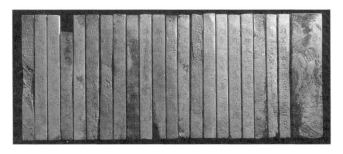

〈사진 2〉 인종시책(국립중앙박물관 편, 『고려시대를 가다』, 2009)*

이 때 서긍은 예물禮物을 관할하는 일 이외에 보고 들은 것 가운데 중국과 같은 일은 제외하고 다른 것만을 선택하고, 그 사물의 형상을 그리고 설명을 달아 기록하는 임무를 띠고 있었다. 서긍은 현지 상황을 파악해서 문서로 작성하여 군주에게 보고함으로써 군주가 현지 상황을 명료하게 인식하도록 하는 '자순諮詢'이라는 사신의 전통적 역할을 맡았던 것이다. 따라서 서긍은 그 보다 앞서 고려를 다녀갔던 왕운王雲이 찬술한 『계림지鷄林志』등을 읽고 사전 지식을 쌓았으며, 그에 더하여 고려 건국의 근본과 풍속 및 사물의 상황을 터득한 것과 직접 자신이 본 것을 그림과 글로 남겼다.

요컨대, 『고려도경』을 만드는 것이 서긍에게 주어진 '조정의 명령을 받아 맡은 바 책임'이었다는 점에서 서긍은 순수한 외교 사신단의 일원이 아니었다. 실제로는 서긍이 글을 잘 지었을 뿐 아니라 그림을 빨리 그리는 재주까지 겸비하였기 때문에 고려를 정탐하고 보고하는 '국제 정보원'의 역할을 수행했던 것인데, 그 덕택에 12세기 초 고려사회의 이모저모를 생생하게 알려주는 귀한 책을 남기게 되었고, 우리들이 지금 볼 수 있는 것이다.

---

* 의종이 선왕인 인종에게 시호를 올리는 책문이다. 한편 인종의 무덤에서는 연도가 확실한 많은 고려청자가 발견되어 청자 편년의 주요한 자료가 되고 있다.

4. 책의 주요 내용과 사료적 가치

『고려도경』의 자세한 항목은 생략하고 28개 대분류에 근거한 목차는 다음과 같다.

권1 건국(建國), 권2 세차(世次), 권3 성읍(城邑), 권4 문궐(門闕), 권5·6 궁전(宮殿) 1·2, 권7 관복(冠服), 권8 인물(人物), 권9·10 의물(儀物), 권11·12 장위(仗衛), 권13 병기(兵器), 권14 기치(旗幟), 권15 거마(車馬), 권16 관부(官府), 권17 사우(祠宇), 권18 도교(道敎), 석씨(釋氏), 권19 민서(民庶), 권20 부인(婦人), 권21 조례(皂隷), 권22·23 잡속(雜俗), 권24 절장(節仗), 권25 수조(受詔), 권26 연례(燕禮), 권27 관사(館舍), 권28·29 공장(供張), 권30~32 기명(器皿), 권33 주즙(舟楫), 권34~39 해도(海道), 권40 동문(同文)

그 내용을 보면, 고려 이전의 역사에서 시작해서, 고려 역대 국왕의 세계, 개경의 성읍, 성문·궁전과 같은 주요 시설물과 군사·의례·종교·정치·사회·문화·바닷길 등 한 달도 채 머물지 못한 사신이 모두 보았고 들었다고 하기 어려울 정도로 풍성한 사실들을 담고 있다. 그 가운데 한국사 또는 고려시대사 연구에 특별한 의미를 갖는 몇 가지 사항을 원 사료와 함께 설명할 것이다.

1) 고려가 고구려를 계승한 국가임을 확인해주다

(전략) 위만의 후손이 나라를 80여 년간을 다스렸다. 이에 앞서 부여의 왕이 하신(河神)의 딸을 얻었는데 햇빛이 비치어 임신하였으며 알을 낳았다. 자라서 활을 잘 쏘았으며, 세속에서 활 잘 쏘는 것을 '주몽'이라 하므로 '주몽'이라고 이름지었다. 부여 사람들이 그의 출생이 이상했기 때문에 상서롭지 못하다 하여 제거할 것을 청하였다. 주몽이 두려워서 도망하다가 큰물을 만났으나 다리가 없어 건너지 못하게 되매 활을 가지고 물을 치면서 주문을 외우니, 물고기와 자라가 줄지어 떠올랐다. 그것을 타고 건너가 흘승골성(紇升骨城)에 이르러 살면서 그곳을 스스로 '고구려'라 부르고, '고(高)'로 성씨를 삼고 나라를 고려라 하였다. (중략) 당 고종이 이적(李勣)에게 명하여 고구려에 가서 평정하도록 하였다. 그래서 왕 고장(高藏: 보장왕)을 사로잡고 그 땅을 갈라 군현(郡縣)을 만들었으며, 안동도호부(安東都護府)를 평양성(平壤城)에 설치하고 군사를 두어 지켰다. 뒤에 무후(武后: 측천무후)가 장수를 보내어 그 왕 걸곤우(乞昆羽)를 죽이고 걸중상(乞仲象)을 왕으로 세웠으나 병으로 죽자, 걸중상의 아들 대조영(大祚榮)이 즉위하였고 그 민중 40만을 차지하여 읍루(挹婁)에 웅거하여 당의 신하가 되었다. 당 중종 때에 와서 홀한주(忽汗州)를 설치하고 대조영을 도독·발해군왕(都督渤海郡王)으로 삼았다. 그 뒤부터 드디어 나라 이름을 발해라고 하였다. 처음에

(고구려 왕)고장이 사로잡혔을 적에, 그 추장에 검모잠(劍牟岑)이라는 자가 있어 고장의 외손자 고순(高舜)을 왕으로 세우니, 고간(高侃)을 시켜 토벌하여 평정하였다. 도호부(都護府)가 이미 누차 옮겨져 옛 성이 신라로 들어간 것이 많게 되자, 유민들이 돌궐(突厥)·말갈(靺鞨)에 흩어졌다. 고씨가 이미 멸망되었으나 오랜 뒤에는 점차 회복되어, 당 말기에 이르러서는 드디어 그 나라에서 왕 노릇 하였고 후당(後唐) 동광(同光) 원년(923)에는 사신을 보내어 조회하러 왔지만, 국왕(國王)의 성씨를 사관이 빠뜨리고 기재하지 않았다. 장흥(長興) 2년(931)에 왕건(王建)이 나라 일을 권지(權知)하여 사신을 보내어 공물(貢物)을 바치고, 드디어 작위(爵位)를 받아 나라를 차지했다.

—권1, 건국 始封

고려가 고구려를 계승한 국가임으로 국호를 고려라고 정했다는 것은 잘 알려져 있다. 실제로 우리 역사상 국호를 '고려'라고 한 것은 세 번이 있었다. 첫째가 고구려가 평양으로 천도한 이후 고구려 대신에 '고려'를 국호로 사용한 것이었고, 다음으로 궁예가 철원에서 옛 고구려 지역에서 나라를 세우고, 고구려를 계승한다는 의미로 고려를 국호로 삼았으나 뒤에 마진·태봉 등으로 바꾸었다. 마지막으로 왕건이 건국한 고려이다. 왕건의 조상에 관한 기록을 담은 〈고려세계高麗世系〉에서 그의 선조 '호경虎景'이 성골장군聖骨

將軍으로서 백두산 근처에 살다가 예성강 지역으로 이주하였다고 하였는데, 여기서 백두산에 살았다는 것은 왕건의 조상이 고구려 계통이었음을 알려준다. 또한 태봉의 궁예 왕弓裔王이 통치하던 곳이 주로 옛 고구려의 영역을 차지하고 있었으므로 고려라는 국호가 정변으로 왕위에 오른 왕건이 새로운 왕조에 대한 반발을 누그러뜨리고 민심을 수습하기에는 적합한 것이라고 판단하여 선택한 것이었다.

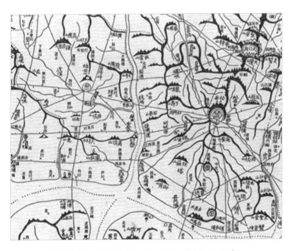

〈지도 2〉 개경과 예성항 부근도(대동여지도)*

---

* 고려 태조 왕건의 조상인 호경이 백두산에 내려와 처음 정착한 곳이 송악과 예성강 주변이었으며, 왕건의 할아버지인 작제건 대가 되면 그 주변의 강화와 정주(貞州: 지금의 파주 일원)·배주(白州: 황해도 연백 일원)의 호족을 아우르는 해상세력으로 성장하였다.

서긍은 고려의 연원을 소개하면서 기자와 위만조선을 언급하고 고구려의 시조인 주몽 신화를 적었는데, 『삼국사기』와 『삼국유사』에 나오는 설화와 거의 같다. 아울러 『삼국사기』가 1145년(인종 23)에 완성되었고, 『삼국유사』는 충렬왕대(1274~1308)에 편찬되었으므로 기록상 더 앞선 것이다. 지금

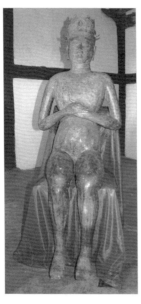

은 전하지 않는 『구삼국사』와 고기古記 등을 통해 전해지던 고구려 관련 신화와 전승이 서긍에게 전달되었던 것 같다.

이어 『고려도경』에서는 고구려가 멸망하고 발해가 계승하였으며, 고려가 멸망된 뒤 오랜 뒤에 국권이 회복되어 후당에 사신을 보냈고, 931년에 왕건이 조공하자 후당이 작위를 주었다고 하였으나, 왕건을 책봉하는 후당의 사절이 왔던 것은 933년이었다. 권1의 '시봉始封'

〈사진 3〉 왕건 동상(인천문화재단 정학수 제공)*

* 개성의 고려 박물관에 있는 것을 촬영한 것으로, 머리에 황제의 상징인 통천관을 쓰고 있다는 점이 주목된다. 고려가 중국에 대해서는 사대하면서도 동서여진·일본·탐라 등에 대해서는 중심국이었기 때문에 왕건의 통천관은 '해동천하'의 천자였음을 상징하는 것이다.

이란 이때 고려가 후당의 책봉을 처음 받은 것을 말한다.

서긍은 오대의 왕조가 후량, 후당, 후진, 후한, 후주로 이어지고 송이 계승하였기 때문에 후당의 시봉은 송과 고려의 사대 관계와도 관련된다고 여겼던 것이다. 그러나 서긍이 오던 시기가 거란이 거의 멸망하기 직전이었음에도 고려는 송을 사대하지 않았으므로 송 황제는 고려 국왕을 책봉하지 못하고 있었다. 1123년에 고려는 송의 책봉국이 아니었던 것이다.

서긍의 고려와 고려 이전의 역사에 대한 인식에는 한계가 있었다. 광종을 혜종의 아들이라고 한 것이나 즉위 연대 등은 착오였고, 선종, 헌종, 숙종, 예종, 인종에 이르는 왕위 계승도 정확하지 않았다. 또한 역대 국왕의 치적에 관한 기록은 한중 관계가 대부분이었고, 고려 국왕은 송조와의 책봉조공관계에 대해 국한해서 적었으며, 고려가 송에 충실하게 조공하였음을 강조하였다. 이러한 기술의 이면에는 다분히 서긍의 중화주의적 사고가 있었으며, 고려와 조공책봉 관계를 회복하려는 송의 절박한 사정을 보여주는 것이다. 그런 점에서 단군조선檀君朝鮮을 우리 역사의 시원에 넣지 않고 기자조선부터 시작한 것은 조금 이해되는 바가 있지만, 중국사서에 자주 나오는 신라와 백제를 누락하고, 봉경封境조에서 백제와 신라를 언급한 것은 한국 고대사 체계와 맞지 않는다. 그 이유는 서긍이 고려왕조에 선행하는 여러 왕조 가운데 정통의 승습관계가 있는 고구려를 중심으로 적고, 신라와 백제를 제외했기 때문이다. 그리고 고구려와 고려의 역사적 공백을 메우기 위해 발해사를 한국사의 일부로 포함시킨 것은 전근대 한국뿐 아니라 중국에게도 이색적인 인식이었다. 그러나 고려가 고구려를 계승했다는 것은 당시 중국을 비롯한 동아시아에서 통하는 보편적인 인식을 반영한 것이었다. 이후『송사』·『원사』·『명사』등 중국 역대왕조의 정사에서도 그러한 인식은 변화하지 않았다. 이러한 점은 우리가 고구려에 대한 역사적 주권을 주장할 때 가장 강력한 근거의 하나가 되는 것이다.

2) 인삼과 고려청자 등 고려의 명품을 소개하다.

(1) 인삼은 한 줄기로 나는데 어느 지방이고 있으나 춘주(春州) 것이 가장 좋다. 또 생삼(生蔘)과 숙삼(熟蔘) 두 가지가 있는데 생삼은 빛이 희고 허(虛)하여 약에 넣으면 그 맛이 온전하나 여름을 지나면 좀이 먹으므로 쪄서 익혀 오래 둘 수 있는 것만 못하다. (중략) 또 그 땅에 솔이 잘 자라 복령(茯苓)이 나고, 산이 깊어서 유황(流黃)이 나며, 나주에서는 백부자·황칠(黃漆)이 나는데 모두 조공품[土貢]이다. 고려는 모시와 삼을 스스로 심어, 사람들이 베옷을 많이

입는다. 제일 좋은 것을 시(絁)라 하는데, 깨끗하고 희기가 옥과 같고 폭이 좁다. 그것은 왕과 귀신(貴臣)들이 다 입는다.

—권23, 잡속 2 토산

(2) 도기의 빛깔이 푸른 것을 고려인은 비색(翡色)이라고 하는데, 근년의 만듦새는 솜씨가 좋고 빛깔도 더욱 좋아졌다. 술그릇의 형상은 오이 같은데 위에 작은 뚜껑이 있는 것이 연꽃에 엎드린 오리의 형태를 하고 있다. 또 주발·접시·술잔·사발·꽃병·탕잔(湯琖)도 만들 수 있었으나 모두 정기제도(定器制度)를 모방한 것들이기 때문에 생략하여 그리지도 않고, 술그릇만은 다른 그릇과 다르기 때문에 특히 드러내었다.

—권32, 器皿 3 陶尊

『고려도경』에는 고려에서 생산되는 명품들을 토산과 기명 등에서 소개하고 있다. 먼저 토산이란 뜻은 고려에서 생산되는 지역적 특성이 있는 산물이라는 의미로 중국에 별로 없는 진귀한 것들을 말한다. 중국에 바치는 조공의 별칭으로 토공土貢·토물土物·방물方物이라는 별칭이 있으며, 이 용어에 '토土'와 '방方'은 중국 이외의 지역을 뜻하는 것이다. 『고려도경』에서는 고려의 토산으로 인삼·백부자·황모시 등을 들었으며, 그 가운데 인삼에 대해 가장 자세한 설명을 하였던 것은 그 만큼 대표적인 것이기 때문이다.

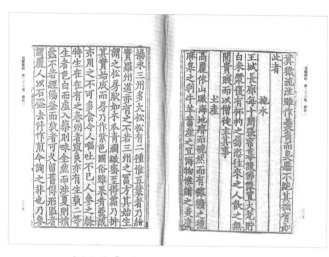

〈사진 4〉『고려도경』권23, 토산(土産) 부분*

실제로 인삼은 송·거란·금 등에 보낸 공물 가운데 가장 높은 빈도와 많은 양을 차지하고 있으며, 중국에서 공물에 대가를 헤아려 고려에 회사품을 줄 때도 가장 값어치를 높게 매겨주었다. 송상이 고려에 와서 교역해 간 것 중에서도 인삼이 많았던 것은 말려서 가공한 것은 비교적 가벼우면서도 귀하며 운송하기 쉽고 오래 보관할 수 있었으며 중국에서 인기가 많아 비싸게 팔 수 있었기 때문이다. 그리고 모시는 삼베에 비해 훨씬 고급스러우면서도 시원한 옷감이

---

* 서긍이 인삼에 대해 자세히 묘사했다는 것은 고려 인삼이 귀한 약재로서 중국인들의 관심을 받고 있었기 때문이다.

었을 뿐 아니라 중국에는 생산되지 않아서 상품성이 매우 높았다. 특히 원대에는 고려의 저포 가운데 가는 모시로 짠 세저포細苧布(세모시)와 아름다운 문양을 넣은 문저포紋苧布가 원 지배층의 사랑을 받았다.

도자기는 일찍부터 금속활자·대장경과 더불어 고려가 자랑하는 문화적 산물로 알려져 있다. 고려 이전에 신라의 장보고가 중국의 자기 제작 방식을 도입하여 남해안 지역에서 굽기 시작하였고, 나말여초에 중국 최고 도자생산지의 하나인 월주요越州窯 제작 기술이 들어와 더욱 발전하였다. 고려시대에도 당대 최고 수준의 도자기 생산국은 송이었기 때문에 송상을 통해 고급 자기가 많이 수입되었고, 고려 도공들이 중국 자기의 기형과 문양을 참고하고 독자적인 기술을 개발하며 도자기 제조 기술을 높여갔다. 그러므로 고려의 자기는 중국 이외에서 생산되는 것 가운데 가장 우수했다. 특히 고려의 도공은 주요 수요자인 귀족들의 취향에 맞추어 청자를 많이 생산했는데, 그 빛깔은 최고급 옥인 비취翡翠의 색을 닮았다고 하여 비색翡色 또는 신비로운 색이라는 뜻의 비색秘色이라고 하였다. 이처럼 고려청자의 빛깔이 아름답고 모양도 맵시가 있어서 송상에 의해 중국에 널리 전파되어 진완품珍玩品으로 애용되었다.

〈사진 5〉 고려청자 과형병(국립중앙박
물관,『고려시대를 가다』, 2009)*

　이상의 토산과 청자에 관한 내용은 서긍이 직접 견문한
것이 아니라 이미 중국에 널리 알려진 평판을 전한 것이라
고 생각된다. 이 기록은 식민주의 사관에서 주장한 '조선
문화의 창조성 부재론'을 비판하는 핵심적 논거의 하나로
사용된 바 있고, 지금도 미술사학자들이 도자사를 연구하
고, 한국문화를 해외에 홍보할 때 자주 인용하고 있을 만큼
'유명한 것'이다.

---

* 1146년 무렵에 만들어진 인종릉에서 출토된 순청자를 대표하는 진품(珍品)이다.

3) 고려의 수도 개경의 도시 구성을 설명해주다

(1) 그 성은 주위가 60리이고, 산이 빙 둘러 있으며 모래와 자갈이 섞인 땅인데, 그 지형에 따라 성을 쌓았다. 그러나 밖에 호참(濠塹)과 여장(女墻: 성가퀴)을 만들지 않았으며, 줄지어 잇닿은 집은 행랑채와 같은 형상인데 자못 적루(敵樓)와 비슷하다. 비록 병장(兵仗)을 설치하여 뜻밖의 변을 대비하고 있으나, 산의 형세대로 따랐기 때문에 전체가 견고하거나 높게 되지 않았다. 그 중 낮은 곳은 적을 막아낼 수 없었으니, 만일 위급한 일이 있을 때는 지켜내지 못할 것이다. 열 두 외문(外門)에 각각 표시한 이름이 있었으며, 옛 기록에는 겨우 그 중 7곳을 말했지만 지금 다 알 수 있었다. (중략) 서남 모퉁이에는 왕부(王府)·궁실(宮室)이 있고, 그 동북 모퉁이에 있는 것이 곧 순천관(順天館)인데 매우 완전하게 수리되어 있으며, 서문도 또한 웅장하고 화려하니, 대개 중국에서 사신 오는 사람을 위해서 설치한 것이다. (중략). 동남쪽의 문은, 대개 시냇물이 동남쪽[巳方]으로 흐르니 모든 물이 모이게 되는 곳이요, 그 나머지 모든 문과 관부(官府)·궁사(宮祠)·도관(道觀)·승사(僧寺)·별궁(別宮)·객관(客館)도 모두 지형에 따라 여러 곳에 별처럼 널려 있다. 백성들의 주거는 열두어 집씩 모여 하나의 마을을 이루었고, 바둑판 같은 시가지는 취할 만한 것이 없었다. ──권3, 城邑 國城

(2) 상서성(尙書省)은 승휴문(承休門) 안에 있다. 앞에 대문이 있고 양쪽의 행랑은 10여 칸씩이며, 중앙에 당(堂) 3칸을 만들었는데 곧 관원들이 일을 보도록 한 곳으로서, 정사가 여기에서 나온다. 상서성 서쪽과 춘궁(春宮) 남쪽 앞에 문 하나가 트였고 안에 세 채의 집이 나란히 서 있는데, 중앙의 것이 중서성(中書省)이고 왼편의 것이 문하성(門下省)이며 오른편의 것이 추밀원(樞密院)이니, 곧 국상(國相)·평장사(平章事)·지원사(知院事)가 정사를 처리하는 곳이다.

—권16, 官府 臺省

최근 고려시대사 연구자들은 기존의 정치제도사나 경제사·사회사·사상사 등으로 편향되었던 연구 주제를 확대하여 새로운 영역을 개척해나가고 있다. 그 대표적인 분야가 도시사인데, 서경·남경·동경 등에 관한 집중적인 연구가 시작되었으며, 고려의 수도인 개경에 관해서는 이미 개인 연구와 공동연구에 의한 저서가 여러 권이 나와 있어 개경의 도시 구성이 어떻게 되었는지를 알려주고 있다. 하지만, 고려시대의 개경이 있었던 북한의 개성은 우리가 자유롭게 왕복하며 다닐 수 없을 뿐 아니라, 조선 태종이 두 번째 한양 천도를 단행한 이후 주요 시설물들이 파괴되고 황폐해져서 조선시대의 '읍지'에서도 그 흔적을 찾기 어려울 정도가 되었다. 얼마 전부터 남북협력 사업의 일환으로 만월대가 발굴되고 있지만, 그 밖의 지역은 고고학적 성과도 그다지 많지 않다.

〈사진 6〉 만월대(사진 하일식 연세대 교수, 강화고려역사재단 편, 『두 개의 수도, 하나의 마음』, 2014)*

게다가 『고려사』와 『고려사절요』 등의 정사류에서도 궁전이나 관부의 위치를 구체적으로 기록해 놓지 않았다. 그래서 건물의 소재지를 비정할 때는 어떤 사건과 관련된 인물의 동선을 추적하거나, 시문에서 언급된 방리나 시설물

---

* 고려 궁궐이 있던 터로, 최근 남북한 공동 협력 사업의 하나로 양측의 고고학자가 공동 발굴을 진행하였다. 그 결과 궁궐의 구조가 더욱 명확해졌으며, 부수적으로 금속 활자 등 귀중한 유물을 찾아냈다.

의 위치를 비교하여 유추할 수밖에 없다. 그런데, 서긍이 고려에 와있는 짧은 기간 동안에 개경에서 많은 것을 보고 기록을 남겨놓아 개경을 도시사적인 측면에서 복원해내는 데 기본적 사료로 이용되고 있다. 예를 들어 제시문(1)의 성읍 국성은 개경을 말하는데, 성의 크기와 형태는 물론 왕부王府·궁실宮室·관부官府·궁사宮祠·도관道觀·승사僧寺·별궁別宮·객관客館 등의 대략적인 배치를 설명해주고 있다.

〈지도 3〉 개경의 주요 관부 지도(박용운, 『고려시대 개경연구』, 일지사, 1996 43쪽)*

---

* 『고려도경』의 기록을 바탕으로 여러 문헌을 종합하여 개경에 있었던 여러 기관의 위치를 추정한 지도이다.

그 가운데 외국 사신이 머물던 객관은 거란·송·여진·일본·송상 등을 위한 것이 구분되어 있었다. 서긍은 자신들이 머물렀던 순천관에 대해 '매우 완전하게 수리되어 있으며, 서문도 또한 웅장하고 화려하니 대개 중국에서 사신 오는 사람을 위해서 설치한 것'이라고 하여 은근히 고려가 송을 우대하는 듯한 느낌을 풍겼다. 그러나 순천관은 도성의 동북쪽 '모퉁이'에 있었으며, 얼마 전까지 책봉국이었던 거란의 객관은 궁성의 남문 가까운 곳에 있었다는 것은 고려가 여전히 거란을 더 존중하고 있었음을 알려주는 것이다.

〈사진 7〉 고려 성균관(인천문화재단 정학수 제공)*

---

* 고려 전기에는 국자감이었으나 충렬왕대에 관제가 격하되면서 성균관으로 바뀌었다. 그런데, 이곳은 본래 중국 사신이 머무는 객관의 하나인 순천관이 있었으며, 송 사신 서긍 일행이 머물기도 하였다.

이어서 선의문宣義門·광화문廣化門, 승평문昇平門·동덕문同德門 등 대문, 회경전會慶殿·건덕전乾德殿·장화전長和殿·원덕전元德殿·만령전萬齡殿·장령전長齡殿·장경전長慶殿·연영전각延英殿閣·임천각臨川閣·장경궁長慶宮·좌춘궁左春宮·별궁別宮 등 궁궐과 전각, 대성臺省·국자감國子監·창름倉廩·부고府庫·약국藥局·영어圄圉 등 관부와 관청, 복원관福源觀·정국안화사靖國安和寺·광통보제사廣通普濟寺·흥국사興國寺·국청사國淸寺·숭산묘崧山廟·동신사東神祠·합굴룡사蛤窟龍祠·오룡묘五龍廟 등 도교의 도관·사원·사우·묘실과 같은 종교 시설 등의 명칭과 더불어 위치와 기능 등을 상세히 적어놓았다.

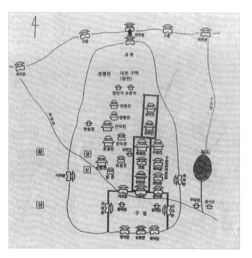

〈지도 4〉 개경 궁궐 궁성 상상도(김창현, 『고려 개경의 편제와 궁궐』, 경인문화사, 2011, 53쪽)*

연구의 결과에 따르면 고려의 개경은 중국의 장안성과 같이 잘 정비된 계획도시는 아니었던 것 같다. 대신 궁궐은 높은 곳에 두어 권위를 높였고, 궁성문 앞에 팔관회 등의 큰 행사를 치를 수 있는 공간을 만들어 국왕과 백성들이 함께 어울릴 수 있도록 하였다. 유사시에는 국왕이 언제든지 먼 곳으로 대피하고 장기간 외적과 항전할 것을 고려하여 궁전과 도시를 화려하게 조성하지 않았지만, 궁성·도성·나성의 삼중 방어 체계로 견고한 방어체계를 마련하였다. 이러한 도시의 구조는 전쟁을 상정하여 만든 것으로 고구려와 흡사하며 유목민족의 특성을 반영하는 것이다.

4) 문화콘텐츠의 원천자료를 제공하다

(1) 북방의 기는 흑색의 한 술[一旒]로 된 것이며 그 너비는 두 폭인데, 그림이나 수놓은 무늬가 없다. 사신이 처음 국경에 이르면서부터 입성할 때까지 여러 기와 더불어 앞에서 이끌어 가며, 행렬은 차례가 없고 세워 놓은 것도 무수한데 푸른 옷 입은 군사로 이를 잡게 한다. 처음에 국신 사부(國信使副: 국신을 가지고 가는 정사와 부사)가 구례에 의하여 금수(錦繡)로 된 사이사이에 번쩍이는 광택

---

* 『고려도경』에 있는 기록을 참고하여 주요 궁궐을 배치한 것이다.

이 있는 기 40면(面)을 주었다. 조서가 처음 입성할 때 주인(舟人: 뱃사람)을 시켜 들고 전도하게 하였으며, 들판이 휘황하게 비치니, 고려 사람들이 놀라 구경하면서 자못 스스로 그 비루한 것을 부끄러 워 하였다. 남방의 기는 붉은 색 한 술로 된 것으로, 가운데에 신인 (神人)을 그렸으며, 손에 나무 채찍을 들어 다른 것들과 차이가 있 다. 오방의 기 가운데 홀로 붉은 기만이 많았다.

—권14, 旗幟 五方旗

(2) 왕이 타는 말은 안장이 매우 화려하여, 금으로 된 것도 있고 옥으로 된 것도 있으며, 모두 조정(朝廷: 송을 지칭)에서 내린 것이 다. 평상시 탈 때에는 말에 갑옷을 입히지 않고, 오직 팔관재(八關 齋)와 조서를 받는 큰 예식이 있을 때에만 마갑(馬甲) 위에 다시 안 장과 고삐를 더하고, 수놓은 휘장[繡帖]을 씌운다. 혁대와 번영(繁纓 여러 가닥의 끈)에 모두 난성(鸞聲: 방울소리)이 어울려 매우 화려 하다. 다만 중국에 비하여 안장 뒤에 다시 수놓은 방석을 더하였으 며, 시종관(侍從官)이 융좌(狨坐: 융 가죽으로 만든 방석)를 까는 것 은 같다.

—권15, 車馬 王馬

요즈음 문헌이 아닌 시각 자료를 활용한 연구가 활발한 데, 고려시대는 상대적으로 부진한 편이다. 조선시대에는 많은 생활품들이 현재까지 전하고, 조선후기의 의궤는 기록과 더불어 풍부한 그림 자료를 제공하고 있다. 고려 이전의 삼국이나 남북국의 경우에도 무덤의 벽화와 그 내부에서 발굴된 유물이 문헌 자료의 부족을 극복하고 당대의 의식주와 정신세계를 전해주고 있다. 예컨대 고구려 벽화는 고구려 사람들의 복식·식생활·주거생활·무용·씨름·사후관 등 다양한 모습을 생생하게 보여주고 있다.

하지만, 고려는 고구려 멸망 이후 약 250년 만에 건국되고 475년 동안 지속되다가 조선왕조로 비교적 온전하게 계승되었는데도, 지금 남아 있는 건축물이나 의식주 관련 유물은 그다지 많지 않아서 의례와 의식 복원을 위한 연구를 하는데 어려움을 겪고 있다. 더 나아가 그 성과를 바탕으로 한 디지털 문화콘텐츠를 만드는 것도 마찬가지인데, 그나마 그것을 가능하게 해주는 원천자료가 『고려도경』이다. 고려인의 전통 축제에서 송상·동서여진·일본·탐라 등이 참여하고 고려가 동북아시아 지역의 중심 국가임을 과시하는 의례로 승화된 팔관회를 복원하는 데는 궁성·문궐·도로 등에 관해 상세하고 구체적으로 적어놓은 『고려도경』의 기록이 필요하다. 중국의 국신사가 고려에 와서 어떤 의례를 했는지를 문화콘텐츠로 만들 때, 그 배경에 들어가는 깃발의 모양, 군사의 배치, 의례 참여자들의 복식과 의장 등을 알아야 하기 때문이다.

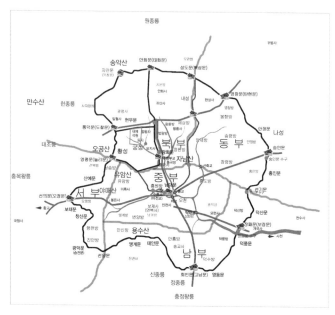

〈지도 5〉 고려 개경 행정구역과 성(인천문화재단 정학수 제공)*

그런데 앞에 제시된 (1)은 각 방위별 깃발에 그려진 내용을 자세히 묘사하고 있으며, (2)에서는 국왕이 탔던 말의 안장을 비롯한 여러 가지 장식을 구체적으로 적어놓았다. '도경圖經'이라는 책 제목처럼 실제 그림이 남아있었다면 금상

---

* 고려시대 개경에는 중·동·서·남·북부 등 5부의 행정구역이 있었다. 그리고 성(城)을 기준으로 보면 국왕을 비롯한 왕족들의 공간인 궁성, 중서문하성 등 주요 기관이 있는 황성, 관인·서리·군인 등이 사는 도성, 외적을 막는 1차 방어선으로서 나성 등이 있었다.

첨화였겠지만, 타고난 그림 재주를 가진 서긍이 의례에 참석하였을 때 먼저 보이는 것을 그려두고, 뒤에 책을 만드는 과정에서 그에 관한 설명과 묘사를 한 것이기 때문에 중국 문헌에 있는 유사 자료를 참고한다면, 충분히 실체에 가깝게 다시 복원해낼 수 있을 것이다.

본래 서긍이 고려에 와 보지 못해도 고려에 대해 알고 싶은 황제를 위해 그림이 있는 견문록을 편찬하였는데, 중간에 전란으로 그림이 없어지면서 반쪽짜리 책이 되어 버렸다. 그러나 최근에는 정부의 지원을 받고『고려도경』의 기록을 바탕으로 고려의 의례를 그래픽과 가상현실로 구현한 사업이 이루어졌으며, 일부 성과물이 인터넷으로 제공되고 있다. 역사학자가 아니라 콘텐츠 담당자들이 주도해서 만들었으므로 약간 사실과 다르고 고려적 특성을 제대로 나타내지 못한 아쉬움이 있다. 앞으로『고려도경』을 근간으로 하고, 고려시대에 관한 국내 문헌 및 중국 의례와 복식 등에 관한 자료를 잘 활용하여 실체에 접근해나가야 할 것이다. 이처럼 몇 가지 문제가 있다고 해도 서긍이 송 황제를 위해 만든『고려도경』이 900년 전의 고려 사회를 복원해내는데 더없이 소중한 원천자료가 되고 있는 것은 분명하다.

5) 고려 사람들의 생활과 풍속 및 여성들의 활동을 전해주다

(1) 옛 사서에 고려를 실었는데 그 풍속이 다 깨끗하다 하더니, 지금도 그러하다. 그들은 매양 중국인의 때가 많은 것을 비웃는다. 그래서 아침에 일어나면 먼저 목욕을 하고 문을 나서며, 여름에는 날마다 두 번씩 목욕을 하는데 시내 가운데서 많이 한다. 남자 여자 분별없이 의관을 언덕에 놓고 물구비 따라 몸을 벌거벗어도, 괴상하게 여기지 않는다. 의복을 빨고 깁이나 베를 표백하는 것은 다 부녀자의 일이어서 밤낮으로 일해도 어렵다고 하지 않는다. 우물을 파고 물을 긷는 것도 대개 내에 가까운 데서 하니, 위에 두레박[鹿盧]을 걸어 함지박으로 물을 긷는데, 그 함지박의 모양이 배의 모양과 거의 같다.   —권23, 雜俗 2, 澣濯

(2) 고려 풍속에 양과 돼지가 있지만 왕공이나 귀인이 아니면 먹지 못하며, 가난한 백성은 해산물을 많이 먹는다. 미꾸라지[鰌]·전복[鰒]·조개[蚌]·진주조개[珠母]·왕새우[蝦王]·문합(文蛤)·붉은게[紫蟹]·굴[蠣房]·거북이다리[龜脚]·해조(海藻)·다시마[昆布]는 귀천 없이 잘 먹으며, 구미는 돋구어 주나 냄새가 나고 비리고 맛이 짜 오래 먹으면 싫어진다. 고기잡이는 썰물이 질 때에 배를 섬에 대고 고기를 잡으며, 그물은 잘 만들지 못하여 성긴 천으로 고기를 거르므로 힘을 쓰기는 하나 성과를 거두는 것은 적다. 굴과 대합들

은 조수가 빠져도 나가지 못하므로, 사람이 그것을 주웠지만 힘을 다하여 이를 주워도 다 없어지지 않는다.　　―권23, 雜俗 2, 漁

　『고려사』와 『고려사절요』는 고려시대 연구의 대표적인 문헌이지만, 정치·경제제도 등 지배체제와 지배층에 관한 기록이 대부분이어서 실제 일반 백성들이 어떻게 생활했는지를 알려주는 것은 많지 않다. 그러나 『고려도경』은 중국인의 고려 견문기인 만큼 중국의 생활 및 풍속과 다른 흥미로운 이야기들을 많이 전해주고 있다. 앞의 (1) 자료는 고려 사람들이 자주 씻는 풍속과 함께 남녀가 부끄러움 없이 한곳에서 목욕하는 것을 다소 야만스럽고 분별없는 것으로 묘사하고 있다. 그러나 고려는 양측적 출계의 사회여서 여성들의 권위가 높았고 정절에 대한 관념도 약했기 때문에 철저한 부계 사회였던 중국과 다르게 여성의 몸을 은밀하게 생각하고 철저히 가리거나 숨기지 않았던 것이다.

　(2)에서는 고려 사람들의 어로 생활을 묘사하고 있다. 육류는 형편이 좋은 지배층만 섭취하였고, 일반 백성들은 어패류나 해조류를 채취하여 영양을 보충했음을 알려주고 있다. 이처럼 『고려도경』에는 정사류에 기록되지 않은 생활사 관련 기록이 매우 많다. 복식과 관련해서는 국왕·국상國相·근시近侍·경감卿監·조관朝官·시관庶官·이직吏職·산원散員·

인리人吏·정리丁吏·방자房子·소친시小親侍·구사驅使 등 다양한 계층의 특징과 복식을 묘사하였다. 고려의 엄격한 신분제가 복식에 그대로 반영되었던 것이다.

〈그림 3〉 강민첨 초상(국립중앙박물관 편, 『고려시대를 가다』, 2009)*

각종 그릇과 관련해서 화로·병·잔·뚜껑 있는 그릇·항아리·가마솥·대야·종·옹기·광주리·소쿠리·섬—가마와 유사하게 짚 등으로 짜서 쌀과 벼 등을 담거나 보관하는 것—

---

* 강민첨이 머리에 쓴 복두와 관복이 고려 관인 복식의 특징을 보여준다.

등의 모양과 용도를 적어두었다. 그리고 빨래하고, 농사짓고, 풀 베고 나무하고, 짐승을 잡고, 물대는 일 등 하층민들의 생활을 기록하였다.

그와 더불어 여성사에 관해서도 귀중한 자료를 남겨두었다. (1)에서 여성들이 당당하게 남자와 목욕하였을 뿐 아니라 여성들이 옷을 깁고 베를 표백했다는 것을 전하였다. 또한 권20, 부인婦人에서는 여성들을 귀부貴婦·비첩婢妾·천사賤使·귀녀貴女·여자女子로 나누어 화장하고 옷 입고 꾸민 것을 자세히 적었으며, 고려의 여성이 남성처럼 등짐을 한 채 힘차게 다니며, 말을 타는 것 등을 신기한 듯이 기록하였다. 이것은 순종을 미덕으로 하는 조용하고 정숙한 조선후기의 여성상과 배치되는 것으로, 여성이 호주가 되고 딸이 봉양을 담당하며, 봉사의 의무가 있었기 때문에 상속에서도 차별받지 않았던 고려시대 여성의 특징을 잘 보여주는 것이다.

6) 『고려도경』은 해양사 연구의 보물 창고이다.

(1) 고려인은 해외에서 생장하여 툭하면 고래 같은 파도를 타게 되니 본래 선박을 앞세우는 것은 의당한 일이다. 이제 그 제도를 살펴보니, 간략하고 그리 정교하지 않으니 그들이 본래부터 물을 편안하게 여기고 그것에 익숙해져서 그런 것일까? 그렇지 않으면

누추한 대로 간략하게 다루고 노둔 졸렬하면서도 고치지 않는 것일까? 이제 본 것을 가지고 그림에 늘어놓기로 하겠다.

—권33, 舟楫

(2) 해도(海道), 신주(神舟), 객주(客舟), 초보산(招寶山), 호두산(虎頭山), 심가문(沈家門), 매잠(梅岑), 해려초(海驪焦), 봉래산(蓬萊山), 반양초(半洋焦), 백수양(白水洋), 황수양(黃水洋), 흑수양(黑水洋), 협계산(夾界山), 오서(五嶼), 배도(排島), 백산(白山), 흑산(黑山), 월서(月嶼), 난산도(闌山島), 백의도(白衣島), 궤섬(跪苫), 춘초섬(春草苫), 빈랑초(檳榔焦), 보살섬(菩薩苫), 죽도(竹島), 고섬섬(苦苫苫), 군산도(群山島), 횡서(橫嶼), 자운섬(紫雲苫), 부용산(富用山), 홍주산(洪州山), 아자섬(鴉子苫), 마도(馬島), 당인도(唐人島), 쌍녀초(雙女焦), 대청서(大靑嶼), 화상도(和尙島), 우심서(牛心嶼), 섭공서(聶公嶼), 소청서(小靑嶼), 자연도(紫燕島), 급수문(急水門), 합굴(蛤窟), 분수령(分水嶺), 예성항(禮成港).　　—권34~39, 海道

(1)에서 서긍은 고려 사람들이 툭하면 고래 같은 파도를 타게 되어 수레보다 배를 앞세웠으며, 본래부터 물을 편안하게 여기고 그것에 익숙해졌기 때문일 것이라고 추측하였다. 고려 사람들은 물길을 육로보다 훨씬 잘 활용하였다. 서해 무역으로 호족이 되고, 고려 건국에 성공한 왕건은 누

구보다 배의 편리함을 알고, 처음으로 전국의 삼세三稅(조·
용·조)를 바다와 강을 통해 운반하여 예성항에 모이도록 하
는 조운체계를 만들었다. 공적인 물류뿐 아니라 지방에서
생산되는 것도 배를 통해 예성항을 경유하여 개경의 지배
층에게 전달되고 소비되었다. 그러므로 고려시대에는 삼세
와 상인들의 물품을 운송할 때는 가장 가까운 바다와 강의
포구로 옮기고 그곳에서
배를 이용하여 예성항으
로 운반하였다. 그런 점에
서 바다와 강은 간선도로
이고, 나머지 육지의 길들
은 간선도로에서 파생
된 지선도로에 비유할
수 있을 것이다. 육지의
길은 역로체계에 의해 연
결되었으며, 공무로 임지
에 가거나 중앙과 지방의
소식이 전달될 때 주로 활

〈지도 6〉 고려시대 해로도(국립민속박물
관 편, 『한반도와 바다』, 2004)*

---

* 고려시대 한반도와 주변 국가를 연결하는 다양한 항로를 보여주고 있다. 고려초에
는 황해도 옹진반도나 풍주 지역와 산동반도의 등주를 잇는 항로가 많이 이용되었다.
그러나 거란의 세력이 남하하면서 안전한 항해를 위해 장강 유역의 명주에서 고려
서남해를 잇는 항로를 왕래하는 배가 더 많아졌다.

용되었다. 이처럼 고려에서는 물길을 더 많이 이용했으므로 배가 매우 중요한 교통수단이었음은 말할 나위없다.

한편 배는 고려와 송을 연결해주는 역할을 하기도 했다. 916년에 거란이 요동을 차지하고 건국한 이후 오대와 송 등 중원中原의 국가가 고려와 교섭을 하기 위해서는 서해를 건널 수밖에 없었다. 송과 고려는 처음에 산동반도 북부의 등주와 옹진반도를 잇는 해도海道를 이용하다가 거란의 세력이 확장되면서 산동반도 남쪽의 밀주密州(지금의 산동성 교주시 지역) 또는 장강 부근 명주明州(지금의 寧波 지역)에서 예성항에 도착하는 해도로 바꾸었다.

그런데 『고려도경』의 해도편 등에는 송에서 출발 준비할 때부터 도착하기까지 서긍이 몸소 경험한 견문으로 항로 및 노정이 자세히 기록되어 있어 중국 최초의 대형 원양함대의 항해일지라는 평가를 받기도 할 만큼 항해사에 더할 나위 없이 귀중한 자료가 되고 있다. 아울러 서긍은 방향을 가리키는 지남침의 사용, 수심을 측량하는 방법, 배가 파손되었을 때 순식간에 침몰하는 것을 방지하고자 여러 개의 칸막이를 만드는 수밀격실水密隔室 구조, 나무 갈고리와 돌로 된 닻 등 당시의 최신 항해 기술을 적어놓아 과학기술사 및 해상교통사 연구에 큰 도움을 주고 있다. 또한 『고려도경』에는 관선官船·송방松舫·막선幕船 등 서긍이 본 고려 배들의 형태와 기능을 적어두었다. 이러한 자료는 수중고고학의 성과에 따라 발굴된 '완도선'과 '마도선'의 유물과 대조하여 용도별로 우리 고유의 한선韓船을 복원하는데 이바지하고 있다.

〈사진 8〉 완도선(국립해양문화재 연구소 제공)*

해양사적인 측면에서 그 보다 더 의미 있는 것은 (2)에서 제시된 기록이다. 해도는 바닷길이라는 뜻이고, 신주神舟는 황제의 조서와 사신을 실기 위해 특별히 만든 배, 객주客舟

---

* 완도 잎바다에서 침몰한 고려의 배를 복원한 것이다.

는 송상의 배를 개조하여 꾸민 신주를 따르는 배이다. 그 다음 초보산에서 예성항까지가 모두 송 사신의 배가 지나 쳐온 섬과 지명들이다. 고려의 첫 번째 영역은 지금의 가거 도에 해당되는 협계산인데, 그곳에서부터 동쪽으로 가서, 전라도 해안에 도착하고 다시 북행하여 예성항에 도착하는 여정의 많은 섬과 암초들을 낱낱이 적었다.

〈사진 9〉 강화도 통일전망대에서 바라본 예성강 입구(인천문화재단 정학수 제공)*

* 개경은 서쪽에 예성강, 남쪽에 임진강과 한강을 끼고 있어 각 지역의 물산을 실은 배는 바다와 한강 수계를 이용하여 개경의 해상 관문인 예성항에 도착할 수 있었다. 그런 점에서 세 강이 만나는 곳에 있었던 강화도와 교동도는 군사적으로 매우 중요한 곳이었다. 한편, 예성강 입구에서 예성항 사이에서는 밀물과 썰물을 이용하여 항해하였다.

    그러므로 고려 문종대 이후 고려와 송을 연결하는 주요
항로인 남로의 정확한 길을 확인할 수 있게 되었다. 게다가
고려에 왔다가 다시 되돌아가는 여정이 함께 기록되어 있
어서 항해에 소요되는 기간을 추정하는데 도움이 되고 있
다. 물론 서긍 일행은 '신주'라는 대형 배 2척이 있었고, 중
간에 군산도·마도·자연도 등에서 전주·청주·광주廣州 등 계
수관界首官(고려시대 경·도호부·목 등 큰 고을의 수령)과 접반사接

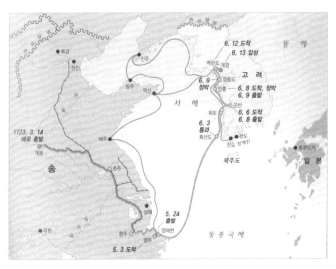

〈지도 7〉 서긍 일행의 항해 여정(교원대 역사교육과, 『아틀라스 한국사』, 사계
절, 2004, 91쪽)*

---

* 1123년에 고려에 왔던 송사신을 태운 배의 항로 및 주요 기착지와 날짜가 있다.
『고려도경』의 기록은 고려와 중국 사이의 남선 항로를 파악하는데 가장 중요한 근거가
된다.

伴使(외국 사신의 영접과 영송을 담당하는 관리)의 영송을 받았으므로 일반적인 상선과는 비교하기 어려운 점이 있다. 송상의 배는 훨씬 더 짧은 기간에 고려를 왕래했을 것이다. 그래도 고려와 송을 연결하는 남쪽 항로뿐 아니라 전라도 연안에 도착한 뒤에는 고려 조운선과 사선私船의 항로도 같았을 것이기 때문에 국내 해운사海運史 또는 해로사海路史 연구에 귀중한 자료가 되고 있다.

〈지도 8〉 태안반도 안흥 부근도*

---

 * 고려는 물론 조선시대에도 가장 많은 배들이 침몰하여 난행량(難行梁)으로 불리던 곳이다. 이곳은 물길이 세고 암초가 많아서 개경 또는 한양으로 물품을 가득 실은 배들이 통과하기 쉽지 않았기 때문에 고려시대 외국에서 온 배들이 안전하게 예성항에 가기 위해서는 서해를 잘 아는 고려 뱃사람들의 도움을 받아야만 했다.

끝으로 『고려도경』은 해상 무역에 대한 잘못된 상식을 바로 잡아주고 있다. 고려시대에는 송상은 물론 대식국 상인들이 예성항에 와서 무역하였기 때문에 외국의 상선들이 고려의 바다를 자유롭게 드나들었다고 알려졌다. 하지만, 여진·일본·송상 등의 배가 우리 영해에 들어오면 반드시 해당 지역의 병마 또는 수군 관서나 수령에 의해 조정에 보고된 뒤에 필요에 따라서는 허락을 받은 경우에만 예성항을 통해 개경으로 갈 수가 있었다. 특히 한반도의 서남해안은 물길이 험난하고 조수간만의 차이가 매우 커서 외국의 배가 함부로 다니다가는 난파당하기 쉬웠다.

따라서 송에서 오는 배는 흑산도부터 파악되어 일정한 통제를 받았으며, 고려의 바다에 익숙한 초공梢工(뱃사람)이 승선하여 외국 배의 왕래를 도왔다. 『고려도경』에 자세하게 실려 있는 이러한 내용은 고려의 외국 상선에 대한 개방이 국가의 관리하에 이루어졌음을 알려주는 것이다.

5. 마치며

이상에서 『고려도경』의 저자, 편찬경위, 내용과 사료적 가치 등을 설명하였다. 『고려도경』은 견문기라는 특성 때문에 12세기 초 고려의 정치·경제·사회·문화·생활 등에 다양한 면모를 생생하게 전해주고 있다. 이 책은 정치사와 제도사 중심의 『고려사』나 『고려사절요』를 보완하는 역할을 한다는 점에서 그림이 없어졌다는 아쉬움이 있지만, 소중한 문헌이다.

다만, 서긍이 중화적인 관점에서 고려를 이적시하면서 표현한 것은 지금의 한국인 독자들에게는 다소 불편하게 느껴진다. 그보다 더 유념해야할 것은 책의 곳곳에 사실과 다른 내용을 적은 것도 있다는 점이다.

게다가, 『고려도경』을 지은 서긍이 고려에 머문 것은 한 달 남짓한 기간이었고, 객관 밖으로 나간 것이 5~6차례에 지나지 않았기 때문에 잘못된 기록도 적지 않다. 예를 들어 고려 왕실의 세계, 관부의 구성과 역할 등은 고려의 실상을 정확하게 반영하지 못하고 있으며, 토산 등과 같이 미리 알고 왔던 것일 뿐 실제 보거나 듣지 못하고 그렇게 한 것처럼 쓴 것도 있다. 물론 서긍이 왕래했던 주변 풍경, 참여했던 의례, 머물던 순천관 등이 직접 본 것이었을 것이다. 사신의 소임을 완수하기 위해 고려의 접반 및 영송 관원에게 묻고 들은 것도 포함되었을 것이다. 따라서 이 책의 기록을 연구에 인용할 때는 반드시 그 기록의 사실 여부를 반영하는지 검증하는 사료 비판 과정을 거쳐야 한다.

『고려도경』은 이후 이 책을 읽는 중국사람들에게 큰 영향을 주었다. 『고려도경』에서 설정된 화이 이념과 한국-중국 관계 설정 방식이 정형화되면서 고려를 넘어 한국사 전체의 문화적 형상을 규정하기에 이르렀다. 그러나 그것은 작은 흠일 뿐이지 『고려도경』이 갖고 있는 고려시대사 연구의 주요 문헌으로서의 가치를 근본적으로 훼손하지 않는다.

참고문헌

〈원문〉

梨花史學硏究所 編, 『高麗圖經』, 1970.

韓國學文獻硏究所 編, 『高麗圖經』, 亞細亞文化社, 1972.

〈번역 및 역주〉

민족문화추진회, 『국역 고려도경』, 1977.

서긍, 『고려도경: 송나라 사신, 고려를 그리다』, 민족문화추진회 옮김, 서해문집, 2005.

조동원 외, 『고려도경: 중국 송나라 사신의 눈에 비친 고려풍경』, 황소자리, 2005.

〈저서 및 논문(국내, 국외순)〉

兼若逸志, 「高麗史 方三十三步 및 高麗圖經 每一百五十步의 面積에 대하여」 『孫寶基博士 停年紀念 韓國史學論叢』, 知識産業社, 1988.

고연미, 「『고려도경(高麗圖經)』의 금화오잔(金花烏盞) 연구」 『한국차학회지』 14-1, 2008.

祁慶富, 「『宣和奉使高麗圖經』의 板本과 그 源流」, 『書誌學報』 16, 1995.

길희성, 「고려시대의 승계 제도에 대하여-특히 고려도경을 중심하여-」

『奎章閣』 7, 1983.

金東旭, 「『高麗圖經』의 復飾史的 研究1-고려도경의 풍속사적 연구-」 『延世論叢』 7, 연세대 대학원, 1970.

김보경, 「『고려도경』과 고려의 문화적 형상」 『韓國漢文學研究』 47, 2011.

金庠基, 『東方文化交流史論攷』, 乙酉文化社, 1948.

金庠基, 『東方史論叢』, 서울大出版部, 1974.

金庠基, 『新編 高麗時代史』, 東國文化社, 1961; 서울大出版部, 1985(재간행).

김수연, 「『고려도경』 연구의 동향과 활용 가능성」 『한국문화연구』 16, 2009.

金永胤, 「고려청자를 높이 평가한 서긍과 그의 저『高麗圖經』」 『월간 문화재』 1974.

金渭顯, 『高麗時代 對外關係史研究』, 景仁文化社, 2002.

金翰奎, 「한·중 관계사 상의『宣和奉使高麗圖經』」 『한중관계 2000년 - 동행과 공유의 역사(刊湖全海宗先生九旬紀念韓國關係史論叢)』, 서강대학교 동양사연구실 편, 소나무, 2008.

李丙燾, 『韓國史』(中世編), 震檀學會, 乙酉文化社, 1961.

李鎭漢, 『高麗時代 宋商往來 研究』, 景仁文化社, 2011.

朴慶輝, 「徐兢과『宣和奉使高麗圖經』」 『退溪學研究』 4, 1990.

박지훈, 「宋代 士大夫의 高麗觀」 『梨花史學研究』 30, 2003.

白承鎬, 『高麗와 宋의 貿易 研究』, 全南大 대학원 사학과 박사학위논문, 2006.

山内晋次, 『奈良平安期日本とアジア』, 吉川弘文館, 2003.

森克己, 『日宋貿易の研究』, 國書刊行會, 1975.

森平雅彦 編, 『中近世の朝鮮半島と海域交流』, 汲古書院, 2013.

宋芳松, 「『高麗圖經』 소재 鄕樂器의 音樂史的 意義」 『韓國學報』 39, 일지사, 1985.

楊渭生, 『宋麗關係史硏究』, 杭州大學出版社, 1997.

윤덕인, 「고려시대 식생활에 관한 연구–고려도경을 중심으로–」 『關大論文集』 18, 1990.

윤이흠, 「고려도경에 나타난 종교사상: 민간신앙을 중심으로」 『東方哲學思想硏究』(道原柳承國博士回甲論叢), 1983.

이진영, 「고려시대 여자 복식의 고찰」 『高鳳論集』 15, 1994.

이진한, 『고려시대 무역과 바다』, 경인문화사, 2014.

이진한 외, 「『高麗圖經』 譯註(1)(2)(3)(4)」 『韓國史學報』 65·66·67·68, 2016·2017.

臧健, 「宋代 문헌 중의 高麗社會—『宣和奉使高麗圖經』을 例로—」 『梨花史學硏究』 28, 2001.

정태업, 「高麗와 宋代 文人의 相互認識」 『中國語文學誌』 14, 2003.

조동원, 「『선화봉사고려도경』 해제」 『고려도경』, 황소자리, 2005.

조영록 편, 『한중문화교류와 남방해로』, 국학자료원, 1997.

崔圭成, 「高麗圖經을 통해 본 고려인들의 삶과 멋」 『東北亞歷史의 諸問題–홍종필박사 정년 기념 논총–』, 2003.

崔夢龍, 「『高麗圖經』에 보이는 器皿」 『韓國文化』 6, 서울대 한국문화연구소, 1985.

韓永愚, 「高麗圖經에 나타난 徐兢의 韓國史體系」, 『奎章閣』 7, 1983.

신숙주申叔舟의
『해동제국기海東諸國記』
: 조선시대 대일 외교의 지침서

강문식

서울대학교 국사학과와 동대학원에서 조선전기사 연구로 박사학위(「權近의 經學과 經世觀」)
를 받고 현재 규장각 한국학연구원에서 학예연구관으로 재직 중이다.
주요 저서로는 『권근의 경학사상 연구』(2008), 『시대의 디자이너들(사람으로 읽는 한국사
04)』(공저, 2010), 『규장각, 그 역사와 문화의 재발견』(공저, 2009) 등이 있다.

신숙주申叔舟의 『해동제국기海東諸國記』

: 조선시대 대일 외교의 지침서

1441년(세종 23) 가을, 25세의 젊은 학자 한 사람이 새로 집현전集賢殿 부수찬副修撰에 임명되었다. 2년 전 실시된 문과文科에서 3등으로 급제한 이 사람은 어렸을 적부터 학문에 남다른 재주를 보였다. 그는 어떤 책이든 한 번 읽으면 다 암기하였으며, 문장 능력도 뛰어나 그가 한성회시漢城會試 때 지었던 글은 과거를 준비하는 유생들 사이에서 모범 답안으로 회자되었다. 그가 집현전 학사가 될 수 있었던 것도 이와 같은 학문적 재능을 인정받았기 때문이었다. 백성을 위한 바른 정치를 펴서 큰 공업功業을 이루겠다는 포부를 가졌던 그는 꿈을 실현하기 위해 집현전에 들어온 이후 더욱 학문에 정진했고, 그 결과 15세기 최고의 관료 학자로 성장하였다. 이 사람이 바로 『해동제국기』의 저자 신숙주이다.

1. 신숙주의 생애와 활동

신숙주의 본관은 고령高靈으로, 1417년(태종 17), 신장申檣 (1382~1433)의 셋째 아들로 출생하였다. 앞에서도 잠깐 언급한 것처럼 신숙주를 이야기할 때 가장 먼저 떠오르는 것이 바로 집현전이다. 그런데 신숙주 집안과 집현전의 인연은 그의 아버지 때부터 시작된다. 세종은 1420년(세종 2) 3월 집현전을 처음 설립하면서 10명의 집현전 전임 관원을 임명

〈그림 1〉 신숙주 초상(보물 제613호).
출처: 문화재청 홈페이지 문화유산정보

하였는데, 이 때 신숙주의 아버지 신장이 직제학直提學(종3품)에 임명됐고, 이듬해에는 전임 관원 중 최고 서열인 부제학副提學(정3품)으로 승진하여 집현전이 학술 기관으로 자리를 잡아 가는데 있어 많은 기여를 하였다. 또 신숙주가 7세 때부터 가르침을 받았던 스승 윤회尹淮도 1424년(세종 6) 집현전 부제학에 임명되었다. 이처럼 신숙주는 그 자신이 집현전에 들어가기 이전부터 집현전과 깊은 인연을 가지고 있었다.

1439년(세종 21) 9월 문과文科에 급제한 신숙주는 2년 후인 1441년 집현전 부수찬으로 집현전에서 근무하게 되었다. 집현전에서 신숙주는 학문 연구에 대한 남다른 열정을 보였으며, 이러한 모습은 세종의 주목을 받았다. 서거정徐居正이 지은 『필원잡기筆苑雜記』에 수록된 다음 일화는 당시의 상황을 잘 보여준다.

신숙주가 과거에 급제한 이후 고전을 널리 연구하려고 했지만 집에 서적이 없어서 이를 늘 한탄하였다. 집현전에서 숙직할 때는 장서각(藏書閣)에 들어가 이전에 보지 못했던 책들을 꺼내어 빠짐 없이 다 읽었으며, 때로는 동료들에게 부탁하여 대신 숙직하면서 밤이 새도록 잠을 자지 않고 책을 읽었다. 하루는 밤 3경(史)이 뇌었을 때 세종이 내시를 보내어 엿보게 하였더니 신숙주가 단정히 앉아서 글 읽기를 쉬지 않고 있었다. 4경이 되자 세종이 내시에게 또 가서 보라고 하였더니 신숙주가 계속 글을 읽고 있었으므로, 세종이 곧 어의(御衣, 왕이 입는 옷)를 내려서 격려하였다.

—서거정, 『필원잡기』 권1

집현전에 소장되어 있는 책을 읽기 위해 동료들의 숙직을 대신 서면서 밤을 새워 학업에 열중했던 신숙주의 모습은 학자 양성을 위해 애쓰던 세종의 주목을 끌기에 충분했다. 뒤에 세종이 문종에게 "신숙주는 큰일을 맡길 만한 사람이다."(『문종실록』 권9, 문종 1년 8월 5일)라고 말했던 것도 신숙주의 학문적 열정과 능력을 높이 평가했기 때문이었다. 세종은 신숙주가 더욱 학업에 전념할 수 있도록 여러 배려를 해 주었는데, 그 중 가장 중요한 것이 바로 사가독서賜暇讀書였다.

세종은 집현전 학사들이 직무 때문에 독서할 시간이 부족하게 되는 것을 염려하여 집현전 학사 중에서 일부를 선발해서 휴가를 주어 독서에만 전념하도록 했는데, 이것이 바로 '사가독서'이다. 현재 기록에서 확인되는 집현전의 사가독서 사례는 모두 세 차례인데, 신숙주는 그 중 두 번째인 1442년(세종 24)에 시행된 사가독서에 참여하였다.

정통(正統) 임술년(壬戌年, 1442년)에 박팽년(朴彭年), 신숙주, 이개(李塏), 성삼문(成三問), 하위지(河緯地), 이석형(李石亨) 등이 명을 받들어 삼각산 진관사(津寬寺)에 들어가서 독서하였다. 학업을 매우 부지런히 하였고, 시문(詩文)을 지어 서로 주고받는 것을 쉬지 않았다. ─성현, 『용재총화』 권4

사가독서는 참여 학사들이 도성 근처의 산사山寺 등에 함께 기거하면서 글을 읽는 방식으로 시행되었다. 세종은 집현전 학사들로 하여금 사가독서 기간 중에 유교 경전과 역사서 및 천문·지리·의약·음악·복서卜筮 등을 연구하게 했고, 그 연구 성과를 국정 운영에 참고하였다. 신숙주는 사가독서를 통해 자신의 학문적 수준을 한 단계 끌어올릴 수 있었고, 또 사가독서 기간 동안 집현전의 동료 학자들과 함께 생활하면서 더욱 깊은 친분을 맺을 수 있었다.

이상의 과정을 거치면서 신숙주는 집현전을 대표하는 학자로 성장해 나갔다. 그리고 자신의 학문적 능력을 바탕으로 세종대 추진된 여러 학술·문화 사업의 주역으로 참여하였다. 우선 신숙주는 집현전에 근무하면서 경연經筵 강의와 고제 연구古制研究, 편찬 사업 등 집현전의 고유 업무를 수행하였다. 또, 신숙주는 시문詩文 창작에 뛰어난 능력을 보였는데, 이 때문에 중국에서 파견된 사신들을 접대하는 일도 거의 전담하였다.

세종대에 추진된 문화 사업 중에서 신숙주가 특히 중요한 역할을 담당했던 분야는 '운서韻書' 연구였다. 운서는 말 그대로 글자를 읽는 발음을 정리한 책이다. 세종은 중국 문자인 한문을 우리말로 읽는 통일된 법칙을 만들기 위해서 운서 연구에 많은 정력을 기울였다. 신숙주는 1444년(세종 26)에 왕명을 받아 집현전의 동료 학자들이었던 최항崔恒·박 팽년·이선로李善老·이개·강희안姜希顔 등과 함께 중국의 운서 『운회韻會』를 언문諺文으로 번역하였다. 또 1445년에는 역시 왕명을 받아 성삼문·손수산孫壽山 등과 함께 요동에 가서 그 곳의 학자들에게 운서에 관한 내용을 질문하고 돌아오기도 했다. 신숙주의 문집 『보한재집保閒齋集』에는 당시 상황을 다음과 같이 기록하였다.

(우리나라가 중국과) 언어가 통하지 않아서 반드시 통역을 거쳐야 했으므로 제일 먼저 『홍무정운(洪武正韻)』을 번역하도록 명하셨다.……그러나 말이 다른 까닭에 잘못 전해진 경우도 많았다. 이에 신 등에게 명하여 중국의 학사·선생에게 가서 바로잡도록 하셨으므로, 7~8차례를 왕래하며 몇 사람에게 질정을 하였다. 연경(燕京)은 모든 나라의 사람들이 모이는 곳으로 그 머나먼 길을 왕래하면서 일찍이 두루 해석하고 밝혀 놓은 것이 적지 않았고, 다른 지방에서

온 사신이나 노승·병졸 등 미천한 자들과도 접촉하지 않음이 없어서 풍속이 다른 데 따라 생긴 어음의 변화를 모두 바로잡았다.

—신숙주, 『보한재집』 권15, 〈홍무정운역훈서(洪武正韻譯訓序)〉

위의 내용을 보면, 신숙주 등은 운서 연구를 위해 요동뿐만 아니라 연경(지금의 북경)까지도 왕래하면서 여러 학자들을 만나 음운에 관한 문제들을 질문했던 것을 알 수 있다. 이러한 노력의 결과로 신숙주는 『동국정운東國正韻』, 『사성통고四聲通考』(이상 1447년), 『홍무정운역훈洪武正韻譯訓』(1455) 등 여러 음운서 편찬에서 가장 중추적인 역할을 할 수 있었다.

1453년(단종 1) 10월, 세종의 셋째 아들인 수양대군은 김종서·황보인 등 의정부 정승들을 제거하고 권력을 장악하였다[계유정난(癸酉靖難)]. 세종을 계승한 문종은 병약하여 2년 만에 서거했고, 그 뒤를 이은 단종은 12세의 어린 나이였다. 이에 따라 그동안 잘 유지되어 왔던 왕권과 신권의 균형이 무너지고 권력의 추가 의정부 재상에게로 급격히 기울었다. 이에 종친과 젊은 관료들 사이에서 의정부 재상들의 정치 운영 방식이나 권력 비대화에 대한 비판의 목소리가 점점 높아졌는데, 그 중심에 있던 수양대군이 정변을 통해 권력을 차지한 것이었다. 그리고 2년 후인 1455년 윤6월, 수양대군은 마침내 어린 조카 단종을 왕위에서 물러나게 하고 스스로 왕위에 올랐으니, 바로 조선의 제7대 국왕 세조이다.

세조의 집권은 조선의 지식인들을 혼란에 빠뜨렸고, 그들에게 명분과 현실 중 하나를 선택할 수밖에 없도록 했다. 조카를 몰아내고 왕위에 오른 세조의 집권은 분명 성리학적 의리와 명분에 위배되는 것이므로, 성리학 이념을 실천하고자 했던 당시 지식인들로서는 이에 반대하는 것이 명분상 당연한 일이었다. 하지만 이미 수양대군이 최고 권력을 장악했고 단종은 허수아비로 전락한 상황에서 수양대군의 집권은 필연적인 귀결이었다. 따라서 지식인들이 자신의 학문과 경륜을 이용하여 국정을 안정적으로 운영하고 사회와 민생을 안정시키기 위해서는 세조 정권에 참여하는 것이 필요하였다.

이 두 가지 길에서 신숙주는 후자를 선택하였다. 이 과정에서 그는 많은 갈등을 겪었을 것으로 생각된다. 당대를 대표하는 유학자의 한 사람이었고 성리학적 명분과 의리에 대해 누구보다 잘 아는 그였기에 내적 갈등은 매우 깊었을 것이다. 하지만 그는 결국 현실을 택했다. 그 결과 신숙주에게는 지금까지도 '변절자'라는 낙인이 찍혀 있고, 사람들은 쉽게 상하는 녹두나물을 '숙주나물'이라고 부르면서 그의 변절을 조롱하였다.

하지만 신숙주를 단순히 변절자로만 치부하기는 어렵다.

만약 그가 세조에게 협력한 대가로 자기 한 몸을 잘 보존하고 호의호식하며 생을 마감했다면 그럴 수도 있을 것이다. 그러나 신숙주는 그렇지 않았다. 그는 세조~성종대에 정부의 주요 요직을 두루 역임하면서 각종 제도 정비와 서적 편찬 사업을 주관하여 탁월한 업적을 남겼다. 다음의 〈표 1〉로 정리된, 신숙주가 편찬에 참여한 서적들의 면면은 조선 초기 문물·제도 정비에 기여한 신숙주의 공로를 단적으로 보여준다. 뿐만 아니라 1460년(세조 6)에는 여진 정벌의 총사령관으로 출정하여 북방 지역을 안정시키는 등 국방 분야에서도 뚜렷한 족적을 남겼다.

하지만 '변절자'라는 이름에 가려 신숙주의 업적은 후대에 정당한 평가를 받지 못했으며, 500여 년이 지난 지금도 그에 대한 부정적 인식이 더 강하게 남아 있다. 신숙주가 조카를 몰아내고 왕위에 오른 세조를 도왔던 일은 충분히 비판받을 만한 일이다. 그러나 신숙주의 변절을 비판하는 것과는 별개로 그가 이룩한 업적에 대해서는 정당한 평가를 내리는 것이 온당하다고 생각된다.

편찬 연도	서명	분야	비고
1454년 (단종 2)	칠정산내외편(七政算內外篇)	과학기술	
	세종실록(世宗實錄)	역사	
1455년 (세조 1)	홍무정운훈역(洪武正韻訓譯)	음운학	
	문종실록(文宗實錄)	역사	
1457년 (세조 3)	국조보감(國朝寶鑑)	역사	
1461년 (세조 7)	북정록(北征錄)	군사	
1462년 (세조 8)	병장설주해(兵將說註解)	군사	
1467년 (세조 13)	행군수지주해(行軍須知註解)	군사	
1471년 (성종 2)	세조실록(世祖實錄)	역사	
	해동제국기(海東諸國記)	외교	
1472년 (성종 3)	예종실록(睿宗實錄)	역사	
기타	동국통감(東國通鑑)	역사	편찬 및 교정에 참여했으나,
	경국대전(經國大典)	법률	완성을 보지 못하고 사망

2. 외교 전문가 신숙주

신숙주는 15세기를 대표하는 학자이자 관료로서 많은 업적을 남겼는데, 그 중에서도 특히 외교는 신숙주의 탁월한 능력이 가장 잘 발휘된 분야였다고 할 수 있다. 이와 관련하여

『연려실기술燃藜室記述』에는 주목되는 기사가 하나 실려 있다.

공[신숙주]이 한(漢)·왜(倭)·몽골[蒙古]·여진(女眞) 등의 말에 능통했으므로 때로는 통역의 힘을 빌리지 않고도 스스로 뜻을 통하였다. 뒤에 공이 손수 모든 나라의 말을 번역하여 바쳤는데 통역들이 이에 힘입어서 스승에게 일부러 배울 것이 없게 되었다.

—『연려실기술』 권5, 세조조 고사본말(世祖朝故事本末)

위 글을 보면 신숙주는 중국어·일본어·몽고어·여진어 등에 두루 능통하여 통역이 없어도 의사소통이 가능했다고 한다. 이는 그가 외교 업무 수행에 필요한 언어적 능력을 잘 갖추고 있었음을 잘 보여준다.

신숙주는 위와 같은 자질과 능력을 바탕으로 세조~성종대에 외교 전문가로서 많은 업적을 남겼다. 『실록』에는 신숙주가 외국 사행과 사신 접대, 주요 외교협정 체결 등에서 중추적인 역할을 수행했음을 보여주는 기사들이 많이 실려 있다. 우선 그는 1443년(세종 25)에 통신사 변효문卞孝文의 서장관으로 일본에 사행使行을 다녀온 바가 있다. 이어 1452년(단종 즉위년)에는 사은사謝恩使 수양대군의 서장관으로, 1455년(세조 1)에는 세조의 즉위를 알리는 주문사奏聞使의 정사正使로 명나라에 다녀오는 등 모두 세 차례의 외국 사행을 통해 당시의 외교 현안들을 무난하게 처리하였다. 뿐만 아니라 신숙주는 조선에 파견된 명나라 사신들을 맞이하는 일도 전담했으며, 다른 관직에 있을 때에도 항상 예조禮曹의 업무를 맡아서 외교 관련 문제의 처리를 주관하였다.

1443년의 일본 사행은 신숙주의 첫 번째 외국 사행이자 그가 외교 전문가로 성장하는 계기가 되었던 사건이었다. 『성종실록』에 수록된 신숙주의 졸기卒記에는 당시 신숙주가 일본 사행의 서장관으로 발탁되던 상황이 다음과 같이 기록되어 있다.

계해년(癸亥年, 1443년)에 국가에서 사신을 보내어 일본과 교빙(交聘)하게 되었는데, 신숙주를 서장관으로 삼았다. 당시 신숙주는 병을 앓다가 낳은 지 얼마 안 되었다. 세종께서 신숙주를 편전(便殿)으로 불러 만나보시고 묻기를, "내가 들으니 네가 병으로 쇠약하다고 하는데 먼 길을 갈 수 있겠느냐?"라고 하였다. 이에 신숙주는 "신의 병이 이미 나았는데 어찌 감히 사양하겠습니까?"라고 대답하였다.　　　　　　　　　　　　—『성종실록』 권56, 성종 6년 6월 21일

일본 사행은 바다를 건너가야 하는 힘든 여정이었기에 많은 사람들이 사신으로 발탁되는 것을 꺼려했지만, 신숙주는 병에서 회복된 지 얼마 되지 않은 상황에서도 이를 회

피하지 않았다. 1443년 2월 21일에 출발하여 그 해 10월 19일에 서울로 돌아올 때까지 8개월의 사행 기간 동안 통신사 일행은 일본 국왕에게 국서를 전달하고 왜구에게 잡혀간 조선인 포로들을 찾아 데려왔으며, 대마도주對馬島主와 세견선歲遣船의 수와 세사미두歲賜米豆의 양을 규정하는 계해약조癸亥約條를 체결하는 등 당시 대일외교의 주요 현안을 잘 처리하였다. 『성종실록』은 당시 사행에서 신숙주의 역할을 다음과 같이 기록하고 있다.

일본에 도착하자 붓과 종이를 가지고 와서 시를 써 달라고 청하는 사람들이 모여들었는데, 신숙주가 붓을 잡고 즉석에서 써 주니 사람들이 모두 탄복하였다. 돌아올 때 대마도에 이르러서 도주(島主)와 세견선(歲遣船)의 수를 정하려고 하는데, 도주가 아래 사람들의 말에 현혹되어 결정을 하지 못하였다. 이에 신숙주가 도주에게, "배의 수가 정해지면 권한이 도주에게 돌아가고 아래 사람들에게 이익이 없을 것이다. 수를 정하지 않으면 사람들이 마음대로 행할 것이니 무엇 때문에 도주에게 의뢰하겠는가? 그 이롭고 해로움은 지혜로운 자를 기다리지 않더라도 뒷날에 알 수 있을 것이다."라고 말하니, 도주가 드디어 조약을 체결하였다.

—『성종실록』권56, 성종 6년 6월 21일

앞 기록을 보면 신숙주가 자신의 학문적 능력을 바탕으로 대일외교의 현안을 처리하는 데 있어 많은 공을 세웠음을 알 수 있다. 이때의 사행 경험은 이후 신숙주가 세조~성종대 외교 전문가로서 정책을 주도해 가는 데 있어 중요한 밑거름이 되었다고 할 수 있다.

〈사진 1〉 신숙주 선생 묘(경기도 기념물 제88호).
출처: 문화재청 홈페이지 문화유산정보

3. 『해동제국기』의 내용과 가치

1471년(성종 2) 신숙주가 왕명을 받아 편찬한 『해동제국기海東諸國記』는 신숙주의 외교적 자질과 능력이 잘 녹아들어 있는, 그의 대표 저술 중 하나이다. 여기에서 말하는 '해동제국'은 일본 본토를 포함한 부속 도서들과 유구국流球國을 통틀어서 지칭하는 말이다. 이 책은 신숙주가 1443년의 일본 사행 경험을 바탕으로 하면서 여러 서적에서 발췌한 일본 관련 내용들, 그리고 당시의 대일對日 외교 규정과 관례 등을 체계적으로 정리하여 편찬한 것이다. 신숙주는 『해동제국기』의 「서문」에서 이 책에 대해 다음과 같이 소개하였다.

우리 주상전하[성종]께서 신(臣) 숙주(叔舟)에게 명하여 해동제국(海東諸國)의 조빙(朝聘)·왕래(往來)·관곡(館穀)·예접(禮接)에 대한 구례(舊例)를 찬술해 오라 하시니, 신은 그 명을 받고서 공경하며 두려워하였습니다. 삼가 옛 전적(典籍)을 상고하고, 보고 들은 것을 참작하여, 그 나라의 지세(地勢), 세계(世系)의 원류(源流), 풍토(風土)의 숭상한 바와 또 우리나라에서 응접(應接)한 절목(節目)에 이르기까지 대략을 서술(敍述)하고 편집하여 한 책을 만들어서 올립니다.

—신숙주, 「해동제국기서(海東諸國記序)」

〈사진 2〉『해동제국기』(서울특별시 유형문화재 제310호).
출처: 문화재청 홈페이지 문화유산정보

『해동제국기』의 내용은 신숙주가 직접 지은 「서문序文」과 6장의 지도, 그리고 「일본국기日本國紀」, 「유구국기琉球國紀」, 「조빙응접기朝聘應接紀」로 구성되어 있다. 신숙주는 「서문」에서 일본을 어떻게 상대해야 하는가에 대한 자신의 입장을 피력하였다.

그들(일본인)의 습성은 강하고 사나우며 무술을 잘 익혔고 배타기에 익숙합니다. 우리나라와는 바다를 사이에 두고 서로 바라보고 있으니, 만약 그들을 도리에 맞게 어루만져 주면 예절을 갖추어 조빙(朝聘)하겠지만, 그렇지 않으면 함부로 와서 노략질을 할 것입니다. 고려 말기에 국정이 문란하여 그들을 잘 어루만져 주지 못하자 그들이 연해(沿海)의 수천 리 땅을 침범하여 쑥밭으로 만들곤 했습니다. 신은 듣건대 오랑캐를 대하는 방법은 밖으로의 정벌에 있는 것이 아니라 내치(內治)에 있고, 변방의 방어에 있는 것이 아니라 조정에 있으며, 전쟁에 있지 않고 기강을 진작하는 데에 있다고 합니다.

—신숙주, 「해동제국기서(海東諸國記序)」

이 글에서 신숙주는 사나운 습성을 가진 일본을 제어하기 위해서는 적절한 외교 관계 수립이 필요하다는 점을 설명한 다음, 이를 위해서는 조정의 기강을 바로잡고 내치를 안정시키는 것이 선행되어야 한다고 주장하였다. 일본의 특성과 대일對日 외교의 핵심을 정확히 파악한 탁견이 아닐 수 없다.

『해동제국기』에 수록된 지도는 해동제국 전체를 그린 〈해동제국총도海東諸國總圖〉, 일본 본토 및 각 지역을 그린 〈일본본국도日本本國圖〉, 〈일본국서해도구주도日本國西海道九州圖〉, 〈일본국일기도도日本國一岐島圖〉, 〈일본국대마도도日本國對馬島圖〉, 그리고 유구의 지도인 〈유구국도琉球國圖〉 등 모두

6장이다. 우리나라에서 제작된 목판본 지도로는 현전하는 가장 오래된 것이며, 국토의 모양이나 위치의 비정 등이 상당히 정확한, 수준 높은 지도로 평가받고 있다.

〈사진 3〉『해동제국기』일본 지도 부분.
출처: 문화재청 홈페이지 문화유산정보

「일본국기」는 일본의 역사와 제도, 문화에 관한 내용을 정리한 것으로서, '천황대서天皇代序', '국왕대서國王代序', '국속國俗', '도로이수道路里數', '8도 66주八道六十六州', '대마도對馬島', '일기도壹岐島' 등 모두 7개 부분으로 나뉘어져 있다. '천황대서'는 고대부터 당시까지 일본 천황의 세계世系와 역사를 정리한 것이고, '국왕대서國王代序'는 막부幕府 장군의 세계와 역사를 정리한 것이다. 아래 글은 '국왕대서'의 마지막 부분인데, 이를 보면 당시 조선에서는 막부의 장군을 일본의 왕으로 인식하고 있었음을 알 수 있다.

국왕은 그 나라에서는 감히 왕이라 일컫지는 않고 다만 어소(御所)라 일컬을 뿐이며, 명령문서는 명교서(明敎書)라 일컫는다. 매년 세정(歲正: 새해)에만 대신을 거느리고 천황을 한 번 알현할 뿐, 평상시에는 서로 접촉하지 않는다. 국정(國政)과 이웃 나라의 외교 관계에도 천황은 모두 간여하지 않는다.

—『해동제국기』, 「일본국기」 중 '국왕대서(國王代序)'

'국속'은 일본의 풍속에 대해 기록한 것인데, 오늘날까지도 이어지는 내용들이 많이 있어서 매우 흥미롭다.

나라의 풍속은, 천황의 아들은 그 친족과 혼인하고 국왕의 아들은 여러 대신과 혼인한다. 무기는 창과 칼 쓰기를 좋아한다. 음식을 할 때에 칠기를 사용하며 높은 어른에게는 토기를 사용한다. …… 젓가락만 사용하고 숟가락은 없다. 남자는 머리털을 짤막하게 자르고 묶었으며, 사람마다 단검(短劍)을 차고 다닌다. 부인은 눈썹을 뽑고 이마에 눈썹을 그렸으며, 등에 머리털을 드리우고 다리로써 이어 그 길이가 땅에까지 닿는다. 남녀가 얼굴을 꾸밀 때에 모두 그 이를 검게 물들였다. 집의 지붕은 나무판자로 덮었는데, 천황과 국왕이 사는 곳과 사원에는 기와를 사용하였다. 사람들이 차 마시기를 좋아하므로 길가에 다점(茶店)을 두어 차를 파니, 길 가는 사람이 돈 한 푼을 주고 차 한 주발을 마신다. 남녀를 논할 것 없이 모두 그 나라 문자를 익히며, 오직 승려만 경서를 읽고 한자를 안다. 남녀의 의복은 모두 아롱진 무늬로 물들이며, 푸른 바탕에 흰 무늬다. 남자의 상의는 무릎까지 내려오고 하의는 길어서 땅에 끌린다.

—『해동제국기』「일본국기」 중 '국속(國俗)'

다음으로 '도로이수'는 부산포釜山浦에서 일본 왕성王城까지 주요 지역 간의 거리를 기록한 것이다. 일본의 리里 단위를 기준으로 했으며, 부산포까지에서 왕성까지의 총 거리를 수로 323리, 육로 18리로 기록하였다. 그리고 주석에서 "우리나라 이수里數로 계산하면 수로가 3,230리, 육로가 180리이다."라고 설명하였다. 즉, 일본의 1리는 우리나라의 10리에 해당함을 알 수 있다.

'8도 66주'는 일본의 8도 66주의 역사와 각 지역 귀족들의 동향, 전답田畓 현황과 특산물 등을 정리해 놓은 것이다. 전체적으로 볼 때 조선과의 통교通交 사례를 중요하게 다루었으며, 특히 조선과의 왕래가 빈번했던 서해도 9주西海道九州

(지금의 큐슈 지역)에 대해서는 다른 지역보다 상세하게 서술하였다. 또, 산양도山陽道 주방주周防州의 귀족 대내전大內殿에 대한 설명에서는 그들이 백제의 후예임을 강조한 점이 주목된다.

> 대내전(大內殿)은 다다량씨(多多良氏)이다. 대대로 주의 대내현 (大內縣) 산구(山口)―왜말로는 야마구찌[也望九知]―에 거주하여 주방(周防)·장문(長門)·풍전(豐前)·축전(筑前) 등 4주의 땅을 총괄 하며, 군사가 제일 강성하다. 일본사람의 말에 백제왕 온조(溫祚)의 후손이 일본에 들어와서 처음에 주방주(周防州)의 다다량포(多多良 浦)에 도착하여 그 지명으로 성씨를 삼았으며, 지금까지 8백여 년이 지나 대내 지세(大內持世)까지 23대가 되었는데, 세상에서 대내전 (大內殿)이라 부르게 되었다고 한다.
>
> ―『해동제국기』「일본국기」 중 '8도 66주(八道六十六州)'

마지막으로 '대마도'와 '일기도'는 각각 대마도와 일기도 의 연혁을 기록한 것이다. 이 두 곳은 조선과의 왕래가 빈번 한 곳이었기 때문에 별도로 관련 내용들을 정리해 놓은 것 으로 생각된다.

「유구국기」에는 현재 일본 오키나와현 일대에 있었던 독립왕국인 유구국琉球國의 연혁과 특징을 소개한 글로 전체적인 구성은 「일본국기」와 유사하다. 먼저 '국왕대서國王代序'에서는 유구국왕의 세계와 역사를 정리했고, '국도國都'에서는 유구국의 지형과 국도의 모습, 조선에 사신을 보냈던 사례 등을 소개하였다. '국속國俗'은 유구국의 풍속을 정리한 것으로 주요 내용을 발췌하면 다음과 같다.

> 땅은 좁고 사람이 많으므로 해상무역(海上貿易)을 직업으로 삼는다. 서쪽으로 남만(南蠻)·중국과 통교하고, 동쪽으로 일본·우리나라와 통교한다. 또 일본과 남만의 상선이 그 국도(國都)와 해변 포구에 모이므로, 국인들이 포구에 술집을 설치하여 서로 교역(交易)한다. ○ 그 땅의 기후는 늘 따뜻하여 서리와 눈이 오지 않으므로, 초목은 잎이 시들어 떨어지지 않는다. ○ 논은 한 해 동안에 두 번 수확하는데, 매양 11월에 씨를 뿌리고 3월에 모내기하여 6월에 수확하며, 즉시 또 씨를 뿌려 7월에 모내기하고 10월에 또 수확한다. ○ 남녀의 의복은 일본과 대동소이(大同小異)하다.
> ―『해동제국기』 「유구국기」 중 '국속(國俗)'

「조빙응접기」는 당시 조선과 일본 간의 외교 관련 규정과 의례 등을 정리한 것으로, 일본에서 조선으로 오는 사행선使行船의 수, 증명서 발급 규정, 삼포三浦와 서울에서 거행하는 각종 연회, 조선에서 일본 사신에게 하사하는 물품에 관한 규정, 조선과 일본 사이에 체결된 여러 조약의 내용 등이 수록되어 있다.

한편, 「조빙응접기」 다음에는 1471년 『해동제국기』가 1차 완성된 이후 추가·보완된 내용들이 부록되어 있다. 우선, 1473년(성종 4) 9월에 우리나라에 사신으로 파견되었던 전산전畠山殿의 부관副官 양심조良心曹가 올린 서계인 〈전산전부관인양심조궤향일정서계畠山殿副官人良心曹饋餉日呈書契〉의 내용이 실려 있다. 이어 웅천 제포熊川薺浦, 동래 부산포東萊釜山浦, 울산 염포蔚山鹽浦 등 삼포三浦의 모습을 그린 지도 3매가 실려 있는데, 이는 1474년 3월 예조좌랑 남제南悌가 삼포의 화재로 피해를 입은 일본인들을 진휼賑恤할 때에 삼포 거주 일본인들의 호구戶口를 조사하는 과정에서 만든 지도이다.

다음으로 「유구국琉球國」이라는 제목의 글이 있는데, 이는 1501년(연산군 7)에 유구국의 사신이 우리나라에 왔을 때 병조판서 이계동李季仝의 건의에 따라 선위사宣慰使 성희안成希顔이 유구의 국정國情을 사신에게 상세히 듣고 정리한 것이다. 「유구국기」의 미진한 부분을 보충하는 의미를 갖는다고 할 수 있다. 마지막으로 「어음번역語音飜譯」은 간단한 일본어 회화 및 주요 단어를 정리한 것으로, 한자로 문장을 쓰고 한글로 일본어 발음을 기록하였다. 몇 가지 내용을 제시하면 다음과 같다.

> 我是日本國的人(나는 일본국 사람이다): 마온야마도피츄
>
> 你的姓甚麼(너의 성은 무엇인가?): 우라나와이갸이우가
>
> 天陰了(날씨가 흐렸다): 텬구모데
>
> 天晴了(날씨가 개었다): 텬과리데
>
> 下雨(비가 내린다): 아믜믈데
>
> 春(봄): 파루 / 夏(여름): 낟즈 / 秋(가을): 아기 / 冬(겨울): 퓨유
>
> —『해동제국기』「어음번역(語音飜譯)」

　이상에서 『해동제국기』의 내용을 살펴보았다. 신숙주는 자신의 사행 경험과 일본에 관한 여러 자료들을 바탕으로 일본의 역사와 정치·사회·문화 그리고 대일 외교의 주요 규정과 의례 등을 빠짐없이 정리하였다. 특히 1471년 1차 완성을 본 이후에도 몇 가지 내용들이 계속 추가·보완된 점은 『해동제국기』가 단순한 사행 보고서의 성격을 넘어서 외교 관례의 지침서로 쓰여진 것임을 잘 보여준다.

　실제로 『해동제국기』는 완성 이후 대일 외교의 중요한 준거가 되어 일본과의 외교 협상에서 자주 활용되었다. 또 후대 학자들도 『해동제국기』의 가치와 중요성을 높이 평가하였다. 16세기 학자 김휴金烋는 『해동제국기』에 대해 "사절

의 왕래하는 정치 등 우리나라의 외교규범에 있어 갖추어지지 않은 것이 없다.”(『해동문헌총록(海東文獻總錄)』)라고 하였다. 또 16~17세기에 활동한 학자 이수광李睟光과 이익李瀷도 각각 『지봉유설芝峰類說』과 『성호사설星湖僿說』에서 일본에 관한 내용을 서술할 때 『해동제국기』를 인용하였다. 19세기의 학자 이규경李圭景 역시 『해동제국기』를 긍정적으로 평가한 청나라 학자 주이존朱彝尊의 말을 인용하여 『해동제국기』의 우수성을 강조하였다.

이처럼 후대 학자들이 『해동제국기』를 자주 참고하고 높이 평가했던 사실은 당시 지식인들 사이에 이 책이 널리 보급되었음을 보여준다. 뿐만 아니라 조선후기에 일본으로 사행을 떠나는 통신사通信使들도 『해동제국기』를 참고하였다. 즉 신숙주의 『해동제국기』는 15세기에 만들어진 저술이지만 조선후기까지도 그 자료적 가치를 인정받으며 대일외교의 지침서로서 그 역할을 톡톡히 해낸 저술이었다. 그리고 바로 이 점에서 저자 신숙주의 탁월한 외교적 역량을 발견할 수 있다.

참고문헌

이찬, 「해동제국기의 일본국 및 유구국 지도」, 『문화역사지리』 4,
　　1992.

김주창, 「신숙주의 대일인식 연구」 강원대 대학원 석사학위논문,
　　1999.

장서각 편집부, 「자료소개 : 申叔舟, 『海東諸國記』」『藏書閣』10,
　　2003.

임동철, 「補閑齊 申叔舟의 生涯와 業績」, 『忠北鄕土文化』 16, 2004.

신병주, 『조선 최고의 명저들』, 휴머니스트, 2006.

손승철 편, 『해동제국기의 세계』, 경인문화사, 2008.

강남 운하를 거닌 조선의
유자儒者 최부崔溥
: 『표해록漂海錄』

서인범

동국대학교 사학과를 졸업하고 일본 토호쿠대학 동양사학과에서 문학 석사와 박사학위를 취득하였으며, 현재 동국대학교 사학과에서 교수로 재직 중이다.
주요 저서로는 『중국 역사가들의 몽골사 인식』(고구려연구재단, 2006), 『소통과 교류의 땅 신의주』(혜안, 2007), 『명대의 운하길을 걷다』(한길사, 2012), 『연행사의 길을 가다』(한길사, 2014) 등이 있으며, 역서로는 최부의 『표해록』(한길사, 2004)이 있다.

강남 운하를 거닌 조선의 유자儒者 최부崔溥

: 『표해록(漂海錄)』

1. 최부는 누구인가?

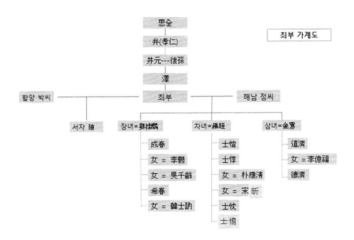

〈그림 1〉 최부의 가계도
『錦南集附錄』, 임기중 편 『燕行錄』 권1, 동국대학출판부, 2001에서 요약

1) 사전思全

- 고려 문종 21년(1067)~인종 17년(1139).
- 상서좌복야, 참지정사, 판상서형부사, 문하시랑, 동중서문하평장사, 開府儀同三司守太尉柱國 등 역임.
- 시諡: 장경莊景.
- 이자겸을 제거한 공로로 병부상서에 발탁.

2) 변弁(효인孝仁)

- 초명初名: 열烈. 인종仁宗이 효인孝仁이라는 이름을 내림.
- 변弁 이후는 고찰할 수 없음.

3) 정원井元-후손後孫

- 진의부위공進義副尉公(어느 파의 자손인지 알지 못함)
- 유희춘의 일기에서 처음으로 공의 이름을 알게 됨.

4) 택澤

- 진사.
- 성종 19년(1488) 사망.

5) 부溥

- 자: 연연淵淵 호: 금남錦南. 나주인. 본관: 탐진耽津.

- 단종 2년(1454)~연산군 10년(1504). 51세.

성종   8년(1472) 진사.

         13년(1482) 알성시 문과. 전적. 『동국통감東國
通鑑』편수 작업에 참여.

         17년(1486) 중시重試 문과(차석 급제).
사헌부감찰, 홍문관 부수찬, 수찬.

         18년(1487) 부교리 승진.

           9월 추쇄경차관推刷敬差官으로 제주도
에 감.

         19년(1488) 부친상 소식을 들음. 표류, 절강
태주台州에 도착.

           6월 한양 청파역靑坡驛으로 돌아옴.
왕명을 받들어 『표해록漂海錄』을
지어 바침. 모친상.

         23년(1492) 면상免喪. 지평.

「諫官以前日初喪應命撰錄爲過, 以駁之. 上以其議爲太深,
御宣政殿引見, 漂流首末.

公細陳榻前. 上嗟嘆曰, 以跋涉死地, 亦能華國, 乃賜衣一
襲. 是年以書狀官赴京」

— 「錦南先生事實」 임기중 편 『燕行錄』 권1, 동국대학출판부, 2001

24년(1493) 세자시강원 문학.

4월 홍문교리.

> 「臺官又循前論. 玉堂諸學士啓曰,
> 崔某連喪, 四年一不到家, 孝行卓
> 異, 願與同僚, 成宗議于公卿, 卒授
> 之」(「錦南先生事實」)

5월 승문교리.

25년(1494) 홍문교리.

8월 부응교 겸 예문응교.

연산군　원년(1495) 생원 회시 참고관參考官.

2년(1496) 5월 충청도 큰 가뭄. 「燕山命公往
> 敎水車之制」(「錦南先生事實」)

11월 사간.

3년(1497) 「極諫燕山之失, 又痛詆公卿大臣」
> 좌천 상례차질정관추 예빈정.

4년(1498) 7월 무오사화에 연루되어 단천군端
> 川郡으로 유배.

10년(1504) 10월 갑자사화에 체포되어 동월
> 24일 취시就市(저자거리에서 죽임을
> 당함)됨.

중종　　2년(1507) 증 통정대부승정원도승지, 가加 예
조참판.

- 배配: 해남 정씨鄭氏. 부: 훈련원 참군 귀감貴瑊. 아들 없
이 딸만 셋.

6) 유계린

- 호: 성은城隱. 천문학 습독관, 증 이조 참판.

7) 희춘

- 호: 미암眉嵒. 시諡: 문절文節.
- 문과. 자헌대부 행 홍문관 부제학, 증 의정부 좌찬성.

8) 나질

- 무과. 사헌부 감찰, 증 호부 참판.

9) 김분

- 장사랑.

2. 최부의 『표해록漂海錄』

조선 성종 연간(재위 1470~1494)에 관인 최부 일행 43명이 제주도 앞바다에서 태풍을 만나 표류하다 천신만고 끝에 중국 절강성 영파부寧波府 연해에 도착하였다. 최부 일행은 왜구라는 혐의를 받는 고초를 당하였으나, 곧 혐의를 벗게 되자 중국 군리軍吏의 호송을 받아 항주杭州에서 조운로漕運路를 따라 북경에 이른다. 북경에서 황제 홍치제弘治帝(재위 1488~1505)를 알현하고 상을 하사받은 후 요동반도를 거쳐 압록강을 건너 한양으로 돌아온다. 약 6개월간의 견문기를 일기체로 써서 임금께 바치니, 그 기록물이 바로 『표해록』이다.

『성종실록』 권217, 19년(1488) 6월 14일(병오)에 『표해록』 저술 경위가 실려 있다.

전 교리(校理) 최부가 북경[京師]으로부터 돌아와서 청파역(靑坡驛)에 묵으니, 명하여 일기를 찬진(撰進)하도록 하고, 전교하기를, "이섬(李暹)이 표류했다가 생환하였으므로, 특별히 초자(超資)하도록 명하였었다. 최부는 쓸 만한 사람인데, 이제 또 만 리(里)를 표박(漂泊)하였다가 아무 탈 없이 생환하였으니, 그를 서용(敍用)하는 명은 마땅히 상(喪)을 마친 후에 할 것이고, 우선 쌀·콩 약간과 부물(賻物)을 내려 주도록 하라."

최부는 계주薊州에서 얼마 떨어지지 않은 어양역漁陽驛이라는 곳에서 사은사신謝恩使臣인 지중추知中樞 성건成健 일행을 만나 대화를 나누었다. 그 때 성건이 다음과 같이 말하였다.

나는 여기(漁陽驛)까지 오면서 (경치가) 장관이라고 생각하였는데 그대가 본 바에는 도저히 미치지 못하겠소.
—『표해록』 4월 27일

최부는 성절사聖節使 채수蔡壽(1449~1515) 일행을 만나 대화를 나누었다. 채수가 최부에게 다음과 같이 말하였다.

우리나라 사람으로서 大江(양자강) 이남을 친히 본 사람이 근래에 없었는데 이 얼마나 다행한 일이오.
—『표해록』 5월 16일

즉 연행사들에이 부경赴京하는 도중에 요동지역에서 대하는 산천의 풍광만도 대단한 장관으로 여길 정도였는데, 최부의 강남 이야기를 듣고는 감탄하였던 것이다.

3. 중국 절강성浙江省에 표착漂着

성종 19년(1488) 정월 그믐에 종자가 최부에게 상복을 가지고 와서는 부친이 돌아가셨다고 고했다. 최부의 머릿속에는 한시라도 빨리 고향으로 돌아가야겠다는 생각만 맴돌았다. 흐린 날씨에 비가 흩뿌렸다. 한라산이 흐리거나 비가 와서 일기가 고르지 않으면 반드시 바람의 변고가 있으니 배를 타서는 안 된다는 사공의 충고를 물리치고 배에 올랐다. 노 젓는 군인 격군格軍들이 일기가 불순한데 배를 출발시킨다며 불평을 해댔다.

배를 탄 지 4일 되는 날 우박이 내리고 대풍이 불어 크고 무서운 파도와 풍랑이 일었다. 파도는 하늘 높이 치솟고 바다를 내리치는 것 같았다. 선수와 선미로 물살이 빠르게 치고 들어와 침몰하지 않으려고 젖 먹을 힘을 다해 퍼냈다. 의복과 행장은 모두 물에 젖었다. 추위가 뼈를 애이었으며 목숨은 순식간에 달려 있었다.

표류 6일째 되는 날 큰 물결 사이로 거대한 물체가 보였다. 수면 위로 보이는 것이 마치 긴 행랑 같았는데 하늘로 거품을 내뿜었다. 뱃사공이 사람들에게 손을 흔들어 말을 못하게 했다. 배는 멀리 그 물체에서 멀어졌다. 뱃사공은 그제야 한숨을 크게 들이쉬고 말을 건넸다.

뱃사공: 저것은 고래입니다. 큰 고래의 경우에는 배를 삼키고 작은 고래는 배를 뒤엎습니다. 이제 서로 만나지 않은 것이 다행입니다. 우리는 죽을 지경에서 다시 살아난 것입니다.

—『표해록』 윤1월 초6일

　　열흘 동안 표류하면서 제일 곤란한 것은 먹을 음식과 갈증을 풀어줄 물의 확보 문제였다. 마침 뱃사람 중에 잘 익은 감귤과 청주淸酒를 가지고 있는 자가 있었다. 선실 내의 행장을 조사하니 감귤 50여 개와 술 두 동이를 찾아냈다. 최부의 명을 받은 배리陪吏는 사람들의 용태를 살펴 입술이 타고 입이 마른 사람에 한하여 고루 나누어 마시게 했다. 그러나 턱없이 부족하여 단지 혀만 적시게 하였을 뿐이었다. 며칠 뒤 감귤과 청주조차 다 없어지자, 마른 쌀을 씹기도 하고 오줌을 받아 마시기도 했다. 얼마 안 가서 오줌마저도 잦아 버렸고, 가슴이 타서 목소리도 나오지 않았고, 거의 죽을 지경에 이르게 되었다.

　　대양을 표류한 지 11일째 되는 날 저녁 무렵에 한 큰 섬에 도착했다. 골짜기 물을 발견하여 물을 떠 마시고는 그 물을 떠와서 밥을 지으려고 했다. 일행은 굶주림이 극도에 이르면 오장이 붙어 죽게 될 것이니, 미음을 끓여 마신 다음 죽을 쑤어 먹는 것이 좋겠다는 최부의 조언을 듣고는 죽을 쑤어 먹고 한숨을 돌렸다.

12일째 되는 날 두 척의 배와 조우했다. 필담을 통해 최부는 자신들이 중국 절강성浙江省 영파부寧波府에 도착했다는 사실을 처음으로 알게 되었다.

4. 도적떼를 만나다

1) 관음불觀音佛을 사칭한 도적

두목 임대林大라고 칭하는 자가 밤중에 횃불을 들고 무리 이십여 명을 거느리고 최부의 배에 난입했다. 어떤 이는 창을 잡고, 어떤 이는 작두를 메었다. 순간 최부 일행은 공포에 휩싸였다. 임대 자신은 관음불觀音佛이라 사람의 마음을 꿰뚫고 있으니 막무가내로 금은을 내놓으라고 다그쳤다. 최부가 값어치 있는 물품이 없다고 하자 임대는 최부의 머리를 잡아 끌고는 결박을 지어 거꾸로 매달았다. 작두를 들어 최부의 머리를 베려 했다. 칼은 오른편 어깨 끝을 향해 내리쳤다. 일순 칼날이 위쪽에서 나부꼈다. 다른 한 도적이 작두를 맨팔로 잡으며 저지했다. 부하들이 손을 맞잡고 엎드려 절하며 상관을 살려 줄 것을 애걸했다. 임대는 최부의 배를 대양에 내버린 후에 어둠 속으로 사라져 갔다.

옷은 도적들이 빼앗아 갔고, 구멍 난 옷은 오래도록 바닷물에 절었으나 하늘이 항상 흐려서 말릴 수 없었다. 온 몸을 에이는 추위로 동사할 지경이었다. 배의 닻과 노는 도적들이 바다에 던졌고 임시로 만든 돛은 바람에 파손되어, 바람과 물결에 따라 이리저리 흘러갔다. 침몰의 시간이 시시각각 다가왔다. 일행은 모두 목이 메어 목소리를 낼 수 없었고 앉아서 죽음을 기다렸다.

표류한 지 16일째 되는 날 최부 일행은 사지에서 벗어나게 되었다.

2) 왜구倭寇로 몰려 심문을 당하다

최부 일행이 육지로 올라와 마을 사람들에게 매질을 당하고 몰아세워 엎어지고 울부짖으며 고개 두 개를 넘어 포봉리蒲峯里라는 곳에 도착했을 때 한 관리가 군 장교를 데리고 나타났다.

최부: 장교의 성명과 직무가 무엇이오?

왕괄: 그는 해문위 천호(千戶) 허청(許淸)으로 당두채(塘頭寨)를 지키다 왜구가 국경을 침범했다는 말을 듣고, 그대들을 체포하기

〈사진 1〉 최부가 왜구로 몰려 최초로 심문을 받은 도저성

위해 온 것이오. 그러니 언행을 신중히 해야 할 것이오.

허청: 우리 중국의 법도는 엄격하여 그대들 같은 외지 사람들을
이 난동 속에 오래 두어 양민을 소란케 할 수 없소.

—『표해록』 윤1월 18일

이름이 왕벽(王碧)이라는 사람이 글로 최부에게 말하였다. "어제
이미 상사(上司)에 보고되기를, '왜선(倭船) 14척이 변경을 침범하
여 사람들을 약탈하였다'고 하는데, 너희가 정말 왜인(倭人)이냐?"
라고 하였다.

최부: 우리는 왜인이 아니고 바로 조선국의 문사(文士)요.

—『표해록』윤1월 19일

당시 명나라 조정의 두통거리는 연안을 약탈하는 왜구들이었다. 최부는 자신은 왜구가 아니라 조선의 문사임을 적극 해명하였다.

5. 중국 지식인과의 대면

1) 거인擧人 장보張輔와의 기싸움

명나라 때 건도소健跳所에는 장보張輔라는 지식인의 저택이 있었다. 용을 새긴 석주石柱로 2층 3칸의 문을 만든 집으로 금색과 푸른빛이 눈부시도록 빛났고, 그 위에 크게 '병오과丙午科 장보의 집'이라는 문패가 달려 있는 집이었다. 조선 최고의 유림儒林의 한 명으로 손꼽을 수 있는 최부는 이 지방의 향신 장보張輔와 기싸움을 한다. 그는 병오년(1486)에 등과한 소록小錄, 즉 급제자의 씨명·향관鄕貫을 3대에 걸쳐 기록한 것을 가지고 와서는 최부에게 호기를 부린다.

장보: 이것은 내가 과거에 급제한 방록(榜錄)씨명을 기입한 것이오.

방록 중에 장보(張輔)라는 2자를 가리키면서 말했다.

장보: 이것이 내 이름이오. 그대의 나라 역시 등과(登科)한 자를 귀하게 여기오?

최부: 그렇소. 우리나라 제도는 초야의 선비로 등제한 자는 모두 관아에서 봉록(俸祿)을 지급하고, 문려(門閭)를 정표(旌表)하여 '진사급제 모과 모등인'이라는 글을 써서 내려주오.

장보는 자신이 과거에 합격한 것을 최부에게 과시했다. 최부도 이에 뒤질세라 조금은 경박하고 허황한 말로 그에게 자랑했다.

최부: 나는 거듭 과거에 급제하여 쌀 200석을 받았고, 정문은 3층이니, 족하는 나에게 미치지 못할 것이오.

장보: 어찌 알겠소?

최부: 나의 정문은 먼 곳에 있으니 그대에게 보일 수가 없으나, 여기에 문과 중시소록(文科 重試小錄)이 있소.

곧 (소록을) 펼쳐 보이니 장보는 소록 중의 관직과 이름을 보고 꿇어앉아 말했다.

장보: 내가 그대에게 미치지 못하오.

—『표해록』 윤1월 24일

장보는 명나라 과거시험 중에서 성省에서 치루는 제1차 시험인 향시鄕試에 합격하여 거인擧人이라는 칭호를 부여받았다고 최부에게 자랑을 늘어놓았던 것이다.

6. 최대의 민간장서각, 영파寧波의 천일각天—閣

'서장고금 항통천하書藏古今港通天下, 즉 책은 고금을 소장하고, 항구는 천하로 통한다'. 고금의 책을 소장하고 있다고 자랑하는 것은 다름 아닌 영파시 서남쪽 월호月湖 서쪽에 위치한 천일각을 가리킨다. 현재 서적 30만 권을 소장하고 있고, 그 중에서도 희귀본이 무려 8만 권에 달한다.

명나라 가정 40년(1561)에서 45년(1566) 사이에 병부우시랑兵部右侍郞을 지낸 범흠范欽(1506~1585)이 건립했다. 공부원외랑工部員外郞이었을 당시 나라에 큰 공사가 자주 벌어졌다. 그는 당시 실권을 쥐고 있던 무정후武定侯 곽훈郭勛(?~1542)에게 대항하다 미움을 샀다. 곽훈은 자신의 말에 순종하지 않는 그를 황제에게 참언하여 하옥시켰다. 범흠은 장형杖刑을 당하고 강서성江西省 원주袁州로 좌천되었다.

당시 또 한 명의 권력자가 있었으니 바로 대학사 엄숭嚴嵩 (1480~1567)이다. 그의 아들 엄세번嚴世蕃(?~1565)이 하북성 선화현宣化縣의 공관을 자신의 소유로 하고 싶었으나, 범흠이 이에 응하지 않았다. 엄세번은 화를 내고 그를 쫓아내려고 마음먹었다. 부친은 아들을 타일렀다. 범흠은 자신에게 항거한 인물로 그를 꺾으려고 하는 것은 반대로 그의 명성을 높여주는 꼴이 된다고 하자, 엄세번은 공관을 빼앗는 일을 단념했다.

가정 39년(1560)에 병부우시랑에 승진하였으나, 이 해 10월에 관직을 사임하고 고향으로 돌아와 월호 근처에 집을 짓고 살았다. 성품은 독서와 책을 수집하는 일을 즐겨했다. 관료 시절에 여러 지역을 돌아다니면서 각종 전적典籍을 수집했다. 국내의 이본異本들을 구매하고, 자신이 미처 읽지 못한 서적들은 필사했다. 그 결과 지방지地方志, 과거 합격자 명부인 등과록登科錄, 정치서, 시문집 등의 희귀한 전적을 소장하게 되었다. 후에 은현鄞縣지방의 이씨李氏 만권루萬卷樓에 잔존하는 장서도 손에 넣었다.

그 옛날 장서가들의 서고는 100년도 채 지나지 않아 불타 버리는 경향이 있었다. 이에 범흠은 그윽하고 조용한 택지를 골라 서고를 건립하여 높은 담장으로 방화벽을 쳤다. 서고는 범씨고거范氏故居 옛 저택의 동쪽에 지어 장서 처와 기거하는 곳을 격리시켰다. 또한 불이 장서에 최대의 적이었기에 물로 불을 이길 수 있다는 데서 '천일天一'이라는 이름을 붙였다.

범흠은 장서를 보호하고 유지하기 위해 가족에게 엄격한 규정을 만들어 목판에 써서 걸어 두었다. 첫째, 술과 담배를 가지고 서고에 들어가서는 안 된다. 둘째, 자손으로 이유 없이 문을 열고 서고 안으로 들어간 자는 벌로 3번의 제사에 참여할 수 없다. 셋째, 개인적으로 벗을 서고에 데리고 들어가거나 멋대로 책장을 여는 자는 1년간 제사를 지낼 수 없다. 이 외에도 장서를 타 지역의 다른 성씨에게 빌려주지 못하도록 규정했다.

7. 하늘엔 천국, 지상엔 소주蘇州·항주杭州

1) 항주

중국에서는 정치의 중심지로 북경을, 경제의 중심지로 남경을 들고 있다. 송나라 때 '소호숙 천하족蘇湖熟天下足, 즉 강남지역인 소주와 호주湖州에 풍년이 들면 천하가 풍족하다'는 속담이 생겨났다. 명나라 때는 천하의 세금의 절반가량을 남경을 비롯한 항주·소주 등지에서 부담했다.

항주는 우리나라와도 깊은 인연을 맺고 있는 곳이다. 당나라 때까지는 한국과 중국의 교류가 북방을 중심으로 행해졌다면, 이민족인 요나라·금나라 등의 정복왕조가 득세하는 송나라 때가 되면 이곳 항주를 중심으로 하는 남방루트가 중시된다. 북송 때 고려의 대각국사 의천義天(1055~1101)이 구법을 위해 머무른 고려사가 항주 서호西湖에서 그다지 멀리 떨어지지 않은 곳에 위치하고 있다. 근현대에 들어서도 일제에 의해 상해로부터 쫓겨난 임시정부가 유주柳州로 가기 전에 이곳에 자리를 잡았다. 선인들의 고난의 현장과 그 숨결을 맛볼 수 있는 곳이다.

중국 속담에 '상유천당 하유소항上有天堂下有蘇杭, 즉 하늘에는 천당이, 지상에는 소주·항주가 있다'는 말이 있다. 13세기 이탈리아 베니스 출신인 마르코 폴로(1254~1324)는 북경에 들어와 원 세조 쿠빌라이(재위 1260~1294)를 섬기다 17년간의 생활을 청산하고 고국으로 돌아가는 중에 항주를 들른다.

상고(商賈)가 다른 지방으로부터 견포(絹布)를 수입해 오는 외에 항주 소속의 토지에서도 견포를 산출하는 양은 막대하다. 많은 백성들은 항상 견포를 동여매고 있다. 이것은 지방에서 행하는 수공업 중에 다른 지방보다 뛰어나고 교묘하여 널리 세상에 수급되는 것에 12종류가 있다. 한 종류마다 공장 수가 1,000곳이나 된다. 한 공장마다 직공을 10인, 15인 혹은 20인, 드물게는 40인을 사용한다. 모두 고용주에게 복속한다.　　　　　　─김호동 역, 『동방견문록』, 2015.

최부는 2월 6일에 항주로 들어온다. 그는 비 때문에 하루를 쉰 것을 제외하고는 혹은 밤길도 계속하여 천여 리의 땅을 지나 왔다고 감회를 읊었다. 그의 눈에 비친 항주 모습이다.

　항주는 곧 동남의 한 도회지로 집들이 이어져 있어 행랑을 이루고, 옷깃이 이어져 휘장을 이루었다. 저자거리에는 금은이 쌓였고 사람들은 수놓아진 비단옷을 입었으며, 외국배와 큰 선박이 빗살처럼 늘어섰고, 시가는 주막과 기루가 지척으로 서로 마주보고 있었다. 사계절 내내 꽃이 시들지 않고 8절기가 항상 봄의 경치이니 참으로 소위 별천지였다.

　　　　　　　　　　　　　　　　　─『표해록』 2월 12일

최부의 눈에 비친 항주는 낙원이었다. 그는 "서호西湖는 성의 서쪽 2리에 있으며 남북의 길이와 동서의 직경은 10리이며, 산천이 수려하고 노래와 악기소리가 가득한 곳이다"

〈사진 2〉 최부가 북경으로 가기 위해 이용한 항주의 조운로

라고 서술했다. 당시 호수에는 사시四時가 있고, 사녀士女들
의 즐겁게 놀고 노래하며 북치는 소리가 그치질 않았다.

2) 대각국사 의천義天과 고려사高麗寺

항주는 '동남 불국東南佛國'이라고 불린다. 사찰이 북송시
대(960~1126)에는 360여 곳, 남송시대(1127~1279)에는 480여
곳으로 증가하였다. 항주를 찾는 우리나라 사람이 대략 1년
에 30만 명에 달한다고 한다. 이들의 대부분이 찾아가는 영
은사靈隱寺도 항주를 대표하는 사찰 중의 하나이다.

최부는 무림역의 고벽이라는 인물과 대화를 나누었다.

고벽: 우리 항주 서산(西山) 팔반령(八般嶺)에는 오래된 절이 있는데, 그 이름은 고려사요. 그 절 앞에는 고적 옛 사적을 기록한 비문이 2개가 있으며, 이곳에서 15리쯤 떨어져 있소. 조광윤(趙匡胤)의 송나라 때에 고려사신이 조공을 바치러 와서 (절을) 세웠다고 하오. 당신 나라 사람이 남의 나라에 와서 게다가 절을 세웠다고 하니, 그 불교를 숭상하는 뜻을 알만하오.

―『표해록』 2월 10일

고벽이 말하는 고려사의 본래의 명칭은 혜인사慧因寺(혹은 혜인선원)이다. 후당後唐 명종 천성 2년(927)에 오월 충무숙왕忠武肅王 전류錢鏐(852~932)가 창건했다. 이 사찰이 관심을 끄는 것은 고려 문종의 넷째 아들로 왕자라는 지위를 박차고 11세에 출가한 의천(1055~1101)과 깊은 관련을 맺고 있기 때문이다. 의천은 소지하고 있던 은으로 교장 7,500여 권을 사서 기부했을 뿐만 아니라 금으로 쓴 한역본漢譯本 『화엄경華嚴經』 300부를 사찰에 기부하고, 금을 시주하여 화엄대각華嚴大閣과 화엄장탑華嚴藏塔을 건립케 했다.

당시 항주지주杭州知州 소동파는 "외이外夷는 사주 중국에 들어오니 변방을 소홀히 해서는 안 됩니다. 금탑을 받아서는 안 됩니다"라고 반대했다.

3) 소주蘇州

가흥(嘉興)을 지나 소주에 도착하오. 천하의 사(紗)와 라(羅)의 단필(段匹)과 여러 가지 보화는 모두 소주로부터 나오게 되오.

— 『표해록』 2월 10일

고소역(姑蘇驛) 앞에 도착하였다. 보대교(寶帶橋)로부터 이 역에 이르기까지 양쪽 호안(湖岸)에 시가와 상점이 서로 이어져 있었고 상박(商舶)이 성시를 이루고 있어서, 진실로 이른바 '동남 제일의 도회지'였다.

— 『표해록』 2월 16일

바다와 육지의 진귀한 보물 즉, 사(紗)·라(羅)·능단(綾段) 등의 비단, 금·은·주옥(珠玉), 그리고 많은 장인과 예술인, 부상대고(富商大賈)들이 모두 이곳에 모여들었다. 예로부터 천하에서 강남(江南)을 가장 아름다운 곳이라 했고, 강남 중에서도 소주와 항주가 제일이었는데, 이 성(소주)이 더 최고였다.

— 『표해록』 2월 17일

〈사진 3〉 소주 4대 명원 중의 한 곳인 류원(留園)의 전경

최부의 눈에는 항주보다도 소주가 강남 제일의 도시로 비춰졌다. 상선과 상인이 대거 몰려들었고, 온갖 비단 종류가 사람들의 눈을 홀렸던 것이다.

8. 홍지제弘治帝를 알현하다

최부는 북경에 들어가 명나라 중흥의 군주라 일컬어지는 홍치제로부터 상을 하사받게 되었다. 홍치제가 즉위한 지 얼마 지나지 않은 시점이었다.

〈사진 4〉 최부가 북경으로 들어가기 마지막 여정지였던 통주의 장가만

주객사랑중(主客司郞中) 이괴(李魁): 내일 아침에 조정에 들어가면 상으로 의복을 지급받게 될 것이니, 길복(吉服)으로 바꿔 입어야 할 것이오. 일을 마치면 즉시 되돌아 올 것이네.

최부: 나는 표류할 때 풍랑을 견디지 못하여 짐이 모두 흩어져 이 상복만을 겨우 입고 왔으므로 다른 길복이 없습니다. 또 내가 상중에 길복을 입는 것은 예절에 합당치 않을까 두렵습니다. 또 상복 차림으로 조정에 들어가는 것은 의(義)에 또한 옳지 못하니, 청하건대 대인께서는 예제(禮制)를 잘 살펴서, 어떻게 해야 할지 알려주십시오. ─『표해록』 4월 18일

서반(序班) 이상(李翔): 오늘 내가 예부상서 대인과 함께 이미 의논했는데, 친상은 가볍고 천은(天恩)은 중하니, '숙배사은(肅拜謝恩)'의 예를 그만 둘 수 없습니다.

최부는 마지못하여 할 수 없이 정보(程保) 등을 거느리고 이상 따라 걸어서 장안문(長安門)에 이르렀으나 차마 길복을 입지 못하였다. 이상이 몸소 臣의 喪冠을 벗기고 사모(紗帽)를 씌웠다.

이상: 만약 국가에 일이 발생하면 곧 기복(起復)의 제도가 있습니다. 당신은 지금 이 문에서 길복을 입고 들어가서 사은하는 예를 행하고 마친 후 다시 이 문으로 나올 때 상복으로 바꿔 입으면 잠깐 동안뿐이니 하나만을 고집하여 융통성이 없어서는 안 됩니다.

—『표해록』 4월 19일

상중이라 상복을 벗고 길복으로 갈아입지 못하겠다는 최부를 홍려시 소속으로 외교 말단 직원인 이상이 강제로 그의 옷을 갈아입히고 홍치제를 알현케 하였다. 효孝보다는 충忠의 논리를 대는 이상의 논리에 밀렸던 것이다. 하지만 황제로부터 상을 받은 후 사례하는 의식에는 참여하지 않음으로써 조선 선비의 기개를 명나라 관료들에게 각인시켰다.

9. 귀국, 그리고 죽음 앞에서

1) 압록강을 건너 귀국하다

최부는 북경을 출발하기 직전 생사의 위기를 맞는다. 다행히 명나라 의원의 치료를 받고 몸이 조금 나아지자 관료들의 만류를 뿌리치고 고국으로의 길을 재촉한다. 몸이 성치 않았음에도 하루 빨리 고향으로 돌아가 부친상을 치르려는 효孝의 발로였다

> 최부: 나는 초상(初喪)을 당하였는데 표류하여 타국에 머무르고 있으니 인정과 도리가 매우 간절하여 하루를 지내는 것이 실로 삼추(三秋)와 같소. 어제는 아팠으나 오늘은 조금 나았으니 수레 위에 누우면 갈 수 있으니 가기를 청하오.
>
> —『표해록』 4월 23일

맑은 이른 새벽에 탕산참(湯山站), 이름을 기록하지 않은 두 작은 강을 지나 구련성(九連城)에 이르렀다. 성은 허물어지고 단지 토성(土城)으로 된 옛터만 남았다. 또 파사보(婆娑堡)라고 하는 것이 있었는데, 보(堡) 앞에 강이 있었다. 풍보(楓浦)였다. 또 배로 오야강(吾夜江)을 건넜는데 두 강(楓浦와 吾夜江)의 수원(水源)은 같으나

갈라졌다 다시 합하여 하나가 된다. 이를 적강(狄江)이라고 한다. 더 나아가 배로 압록강을 건넜다. 목사(牧使)가 군관(軍官) 윤천선(尹遷善)을 파견하여 신들을 강변에서 위로해 주었다. 석양이 질 무렵 또 배로 난자강(難子江)을 건넜다. 두 강(압록강과 난자강)도 역시 하나가 되었다가 갈라져 흘러내려 재차 합류한다. 밤 3경(11시~1시)에 재촉하여 의주성(義州城)에 들어갔다

—『표해록』 6월 4일

이윽고 북경을 출발한 최부는 화이華夷의 경계라 할 수 있는 산해관山海關, 명나라 조정과 조선과의 외교 중개지라 할 수 있는 요동도사遼東都司가 설치되어 있던 요양遼陽을 지나 마침내 6월 4일 압록강을 건너 조선으로 들어왔다.

2) 탄핵을 당하다

한양에 도착한 그는 6월 14일 청파역에 도착하였다

전 교리(校理) 최부가 북경으로부터 돌아와서 청파역(靑坡驛)에 묵으니, 명하여 일기를 찬진(撰進)하도록 하고, 전교하기를, "이섬(李暹)이 표류했다가 생환하였으므로, 특별히 조자(超資)하도록 명하였었다. 최부는 쓸 만한 사람인데, 이제 또 만 리를 표박(漂泊)하

였다가 아무 탈 없이 생환하였으니, 그를 서용(敍用)하는 명은 마땅히 상을 마친 후에 할 것이고, 우선 쌀·콩 약간과 부물(賻物)을 내려주도록 하라."하였다.

사신(史臣)은 논평하기를, "최부가 만약 이때에 사례하고, 상을 당하여 어미를 보고 난 후에 일기를 찬집하겠다고 하였다면, 임금이 반드시 따르셨을 것이고 사람들도 끼어들어 말하지 못하였을 것인데, 지금 그렇게 하지 않았으므로 훗날의 의논을 초래한 것이다. 그러나 이로써 자신에게 누가 되게 한 것은 지나친 것이다."하였다.
—『성종실록』권217, 19년(1488, 명 홍치(弘治) 1년) 6월 14일(병오)

성종 이금은 최부에게 유의(襦衣) 및 가죽신을 내리고 말하기를, "최부가 사지(死地)를 밟아 헤치고 다니면서도 능히 나라를 빛냈기 때문에 주노라."
—『성종실록』권261, 23년(1492, 명 홍치(弘治) 5년) 1월 14일(을유)

성종 임금으로부터 부의로 포 50필과 마필을 지급받아 곧장 고향인 나주로 내려가 부친상을 치렀다. 불운은 겹친다고 하는 말이 있듯이 상을 치루는 중에 모친마저 세상을 떠났다.
3년간의 부모상을 치르고 난 후인 성종 22년(1491)에 한양으로 올라오자 성종은 최부에게 사헌부 지평司憲府 持平이라는 벼슬자리를 내렸다. 그러나 임용된 지 한 달여가 지나도록 사간원司諫院에서 동의해 주지 않아 정식 임용이 보류되었다. 당시 정언正言 조형趙珩은 그를 임명하지 않은 이유를 다음과 같이 말했다.

　최부가 일찍이 부친상을 당해 귀향하다 바다에 표류하여 중국에 이르러 시장(詩章)을 많이 지었습니다. 시를 지은 것은 살 길을 구하려고 했기 때문이었기에, 오히려 괜찮다고 할 수 있습니다. 그러나 귀국하였을 때 일기를 지으라는 임금의 명을 받았다고 할지라도 글을 올려 슬픈 심정을 아뢰고, 재빨리 빈소로 돌아가야 했습니다. 그렇지만 그는 여러 날을 서울에 머무르면서 일기를 지으며 조금도 애통해하는 마음이 없었으니, 이는 인륜의 가르침에 부끄러움이 있는 것입니다.

대간臺諫은 중국에서 돌아온 최부가 상주된 몸으로 중국에서 견문한 일기를 지어 성종에게 바친 일이 성인의 가르침 어긋나는 부끄러운 행위였다며 반대했다. 성종은 임금의 명을 받고 마지못해 한 일이라며 적극적으로 해명하고 최부를 두둔했다. 그러자 이번에는 사간원 정언司諫院正言 이계맹李繼孟이 조정 대신들이 최부를 방문하면 자신이 겪고

본 것을 두루 이야기하면서 조금도 애통해하는 마음이 없었다며 임용을 반대했다. 또한 충신은 효자의 가문에서 나온다고 했는데, 어버이에게 효도를 다하지 못한 최부가 어떻게 임금에게 충성을 다하겠냐며 그를 탄핵했다. 조선의 사관史官은 이 점을 대단히 애석하게 여겼다.

최부가 돌아오니, 임금이 괴롭고 고통스러웠던 경험을 불쌍히 여겨 일기를 지어 바치도록 명했다. 최부가 청파역에서 여러 날을 머물렀기 때문에, 옛 친구 중에서 조문하는 자가 있었다. 최부가 초상(初喪)이라 말하여 조문을 받지 말았어야 했는데 이따금 만나서 이야기도 하고, 표류하고 머물던 당시의 고생스러웠던 상황을 서술하여 비방을 받았다.

임금님의 명령보다도 먼저 부친상을 치르기 위해 고향으로 갔어야 한다는 것이 탄핵론자들의 논리였다. 명분에 사로잡힌 탄핵이었다.

2) 죽음 앞에서

사림파士林派와 훈구파勳舊派의 갈등에서 야기된 사화士禍의 혹독한 정치파동을 겪게 되면서 최부는 나락으로 떨어

졌다. 연산군 10년(1504)의 갑자사화甲子士禍 때에는 장杖 100
대에 거제로 귀양 보내 노奴로 삼는다는 처벌이 내려졌다.
그런데 이 해 10월에 의금부가 무오년戊午年(연산군 4, 1498)에
죄지은 사람들 명단을 기록하여 연산군에게 보고하자, 최
부는 참형斬刑에 처해지게 되었다. 이 달 24일에 옥졸에게
붙잡혀 온 최부는 어둑어둑해진 저녁 8시 전후에 생을 마감
하였고, 이튿날 효시梟示당했다.

연산군은 최부와 이원李黿의 죽음이 궁금했던지 그들이
형벌을 당할 때 무슨 말을 했는지 물었다. 승지 윤순尹珣이
의금부 낭관郞官을 불렀다.

> 윤순: 최부는 한 마디 말도 없었고, 이원은 '우리 아들이 왔느냐?
> 보고 싶다'고 했습니다. 다른 말은 없었습니다.
> —『연산군실록』 권56, 10년(1504, 명 홍치(弘治) 17년) 10월 25일

죽음 앞에 선 최부는 무엇을 떠올렸을까? 정치의 무상함
이었을까? 최후까지도 유자로서의 몸가짐으로 군주를 생각
하는 마음이었을까? 아니면 표류하다 구사일생으로 살아나
부모상을 치르던 일이었을까?

10. 최부의 품성

1) 공公을 우선시하다

『표해록』을 읽어 본 독자라면 누구나가 최부는 효자에 충신이었음을 이해할 수 있다. 형조판서刑曹判書를 지낸 윤효손尹孝孫(1431~1503)은 최부를 옹호했다. 사실 둘은 서로 잘 아는 사이는 아니었다. 최부가 여묘 살이 할 적에 항상 묘 곁에 있으면서 아침과 저녁으로 몸소 음식을 차려 온 고을에서 추앙한 사실을 들어 그를 옹호했던 것이다.

강직한 성품을 보여준 너무나도 유명한 하나의 에피소드가 있다. 응교應敎의 신분이었던 최부와 영광靈光 사람인 정자正字 송흠宋欽(1459~1547)이 옥당玉堂, 즉 홍문관弘文館에 있을 때 휴가를 얻어 고향에 내려갔다. 이 두 사람의 집은 15리 정도 떨어져 있었다. 하루는 송흠이 최부의 집을 찾아가 대화를 나누었다.

> 최부: 자네는 무슨 말을 타고 왔는가?
>
> 송흠: 역마를 타고 왔습니다.
>
> 최부: 역마를 자네 집에 매어둔 일, 자네가 우리 집에 온 일은 개인적인 일인데, 어찌하여 공적으로 사용해야 할 역마를 타고 왔는가?

최부는 조정에 돌아가서 이 일을 알리고 송흠을 파직시키려고 생각했다. 송흠이 최부를 찾아와 사과했다.

2) 조선 유자의 진면모

1) 밤이 되어 바람과 물결이 다시 굳세어져서 빼가 가는 행로가 심히 근심스러웠습니다. 안의(安義)가 말하기를, "일찍이 듣건데 바다에는 탐욕스러운 용신(龍神)이 있다하니 가지고 있던 행리를 던져 제사를 지냄으로써 구원을 얻기를 청하옵니다."

최부는 그 말에 응하지 않았다.

—『표해록』 윤1월 6일

2) 멀리 바라보니 거룻배를 매단 중선(中船) 두 척이 있었다. 곧바로 우리 배를 향해 왔다. 정보 등이 내 앞에 꿇어앉으며 말하였다.

정보: 모든 일에는 상도(常道)와 권도(權道)가 있습니다. 청하오니 상복을 벗으시고 권도로써 사모와 단령을 착용하시어 관인의 모습을 보이십시오. 그렇지 않으면 저들은 반드시 저희가 해적이라고 떠벌이며 모욕을 가해 오게 될 것입니다.

최부: 해상에서 표류한 것도 하늘의 뜻이요. 여러 차례 사지를

건너 다시 살아난 것도 하늘의 뜻이요. 이 섬에 이르러 저 배를 만나는 것 또한 하늘의 뜻이다. 천리는 원래 올바르니 어찌 속임수를 행하여 하늘의 뜻을 어길 수 있겠는가?

—『표해록』 윤1월 12일

최부는 국가에서 공인하지 않은 신은 모두 음사淫祀라고 여겨 배척하였다. 상도와 권도를 적절히 사용하자는 부하들의 권유를 물리치고 유자로서의 풍모를 보여주었다.

3) 불교 배척

최부는 불교를 이단으로 여기고 배척하는 태도를 견지했다.

최부: 이것은 고려인이 세운 것이오. 지금 우리 조선에서는 이단을 물리치고, 유교를 존숭하여, 사람들이 모두 (집에) 들어가서는 효도하며, (밖에) 나가서는 공경하며, 임금께 충성하고, 벗을 믿는 것을 본분으로 삼고 있소. 만약 머리를 자른 사람이 있다면 모두 군사로 만드오.

고벽: 무릇 사람이 불교를 믿지 않으면 반드시 귀신에게 제사를 지내게 되는데, 그렇다고 한다면 당신의 나라에서는 귀신을 섬기오?

최부: 우리나라 사람들은 모두 사당을 만들어서 조상에게 제사를 올리니, 마땅히 섬겨야 할 귀신을 섬기고, 음사(淫祀)를 제사지내는 것을 숭상하지 않소.

―『표해록』 2월 10일

최부는 『맹자』의 "집에 들어가면 어버이를 효성으로 섬기고, 밖에 나가면 어른들을 공경하며 선왕의 도를 지켜서 뒤에 배울 자를 기다린다"라는 말을 인용하여 조선은 불교를 숭상하지 않고 유교를 신봉하고 있음을 강하게 역설했다.

최부의 불교 인식과 배척에 관한 에피소드가 『표해록』에 여러 곳 보인다. 다리를 절룩거리며 고난의 길을 가는 최부에게 따뜻한 차를 대접해 준 이가 승려였지만 최부는 유자의 정신을 굳게 지켜 극도로 불교를 경계했다. 최부가 도저소桃渚所로 가는 도중에 은둔 생활을 하며 선비를 자칭하던 왕을원王乙源이라는 사람과의 대화 속에서도 확연하게 드러난다.

왕을원: 그대 나라에도 또한 불교를 신봉하오?

최부: 우리나라는 불교를 숭상하지 않고 오로지 유학만을 숭상하오. 집집마다 효(孝)·제(悌)·충(忠)·신(信)을 본분으로 삼고 있소.

―『표해록』 윤1월 18일

또 최부가 요양遼陽에서 머무르고 있을 때 조선 출신 계면戒勉이라는 승려가 찾아와 대화를 나누었다.

> 최부: 그대는 청정(淸淨)의 무리로 속세를 떠나 있는 자로 마땅히 산중에 있어야 하는데, 어찌 승관(僧冠)을 쓰고 속인의 행동을 하면서 여염(閭閻)속을 출입하는가?
>
> 계면: 붕어하신 성화제(재위 1465~1487)가 불법을 존경하고 숭배하여 큰 사찰이 천하의 반이고 승려가 일반 민호보다 많았습니다. 승려들은 편안하게 누워 음식을 먹고 석가의 가르침을 닦았습니다. 신황제(즉, 홍치제)가 황태자시절이었을 때부터 평소 승려의 무리들을 싫어하여서 황제로 즉위하자마자 제거하려고 하는 뜻이 있었습니다. 지금 황제가 조칙(詔勅)을 천하에 내려 새로이 지은 사찰이나 암자를 모두 철거하도록 하고, 자격증이 없는 승려는 조사하여 환속하게 하는 명령이 성화보다 급하였습니다. 그래서 요동의 대인들이 관리로 하여금 소승을 불러서는 오늘부터 절을 부숴버리고 머리를 기르게 하니, 승려들은 어느 곳에서 한 몸을 쉴 수 있겠습니까?
>
> 최부: 붕어하신 황제가 생전에 불교를 숭상하여 사찰과 승려가 번성하였고, 승려들이 황제의 장수를 축원하였음에도 황제는 41세의 나이로 죽었으니, 그대들이 힘써 축원한 보람이 어디에 있는가?
>
> ―『표해록』 5월 24일

최부에 대한 조선 사관史官의 평가를 소개한다.

최부는 공렴(公廉) 정직하고 경서와 역사에 능통하여 문사(文詞)
가 풍부하였고, 간관(諫官)이 되어서는 아는 일을 말하지 아니함이
없어 회피하는 바가 없었다.

— 『연산군실록』 권56, 10년(1504, 명 홍치(弘治) 17년) 10월 25일

참고문헌

『조선왕조실록』.

김호동 역, 『동방견문록』, 사계절, 2015.

서인범·주성지 옮김, 『역주 표해록』, 한길사, 2004.

임기중 편 『燕行錄』 권1, 동국대학출판부, 2001.

가고 싶지 않았던
치욕의 사신길

: 연행록燕行錄 다시 읽기

우경섭

서울대학교 국사학과를 졸업하고 동대학교에서 문학 석사와 박사학위를 취득하였으며,
현재 인하대학교 한국학연구소에서 교수로 재직 중이다.
주요 저서로는 『조선중화주의의 성립과 동아시아』(유니스토리, 2013), 『동아시아한국학의
형성-근대성과 식민성의 착종』(소명출판, 2013), 『연변조선족의 역사와 현실』(소명출판,
2013) 등이 있다.

가고 싶지 않았던 치욕의 사신길

: 연행록(燕行錄) 다시 읽기

1. 머리말

현재 한국학계에서는 18세기 후반 이후 청나라와 적극적 관계맺기를 시도했던 일군의 지식인들을 가리켜 '북학파北學派'라 칭한다. 연행 경험을 바탕으로 청조 문물의 수용을 주장했던 홍대용(1731~1783), 박지원(1737~1805), 박제가(1750~1805) 등이 그 대표자들이다. '실학實學'의 한 유파를 형성한 그들의 사상은 주자학→실학→개화사상의 구도 아래 근대사상의 맹아로 평가받는다.

1930년대 조선학운동朝鮮學運動에서 기원하는 실학 담론은 조선후기 역사의 발전적이고 자주적인 면모를 이론화했다는 점에서 20세기 한국학계가 성취한 가장 중요한 업적이라 평가된다. 그러나 1990년대 이후 실학 담론은 개념의 모호함과 범주의 불명확성, 그리고 근대지향의 민족주의 자체가 지닌 한계를 노정하고 있음이 거듭 지적되었다.[1]

필자 역시 실학을 20세기 한국 근대학술사의 맥락 속에서 상대화하여 이해하려는 최근의 문제 제기에 대체로 동의하는 입장이다. 특히 개화의 전조이자 근대(지향)적 지식인들로 그려져 온 북학파의 역사적 이미지에 대해 몇 가지 의문을 지니고 있다.

박지원을 중심으로 한 서울 지역 소장 지식인들이 일군의 학단學團을 형성하고, 기존 주자학 중심의 학술과 구별되는 새로운 경향의 학문 활동을 전개했음은 분명한 사실이다. 그러나 그들의 학문적 지향을 '북학'이라 규정할 수 있는지 의문이 든다. 북학이라는 표현에 내재된 조선후기사에 대한 단절적 인식과 전파주의적 편향, 그리고 문명/미개의 근대주의적 사상 구도는 그들의 복잡한 고민을 읽어내

---

1) 최근 '실학' 담론에 관한 비판적 인식은 다음의 논문들을 참조할 것. 강명관, 「조선후기 한문학 연구의 새로운 지평 모색」, 『한국한문학연구』 19, 한국한문학회, 1996; 정병련, 「실학연구의 문제점과 그 전개과정」, 『동양철학연구』 19, 동양철학연구회, 1998; 조광, 「개항기 및 식민지시대 실학연구의 특성」, 『한국실학연구』 7, 한국실학학회, 2004; 신항수, 「비판적 시각으로 살펴본 실학 연구」, 『내일을 여는 역사』 21, 서해문집, 2005; 허태용, 「'북학사상'을 연구하는 시각의 전개와 재검토」, 『오늘의 동양사상』 14, 예문동양사상연구원, 2006; 이봉규, 「21세기 실학 연구의 문법」, 『韓國實學思想硏究』 I, 연세대 국학연구원, 2006; 한영우, 「'실학' 연구의 어제와 오늘」, 『다시, 실학이란 무엇인가』, 푸른역사, 2007.

〈그림 1〉 북경에 도착한 각국 사절들: 만국래조도(萬國來朝圖)

는 데 오히려 방해가 된 듯하다. 그러한 선입관에서 서술된 북학파 역시 외국에서 '선진' 문물을 수입하는 것이 국가 발전의 거의 유일한 경로로 간주되었던 20세기 한국 사회의 실정이 만들어낸 이미지에 불과하다.

1637년(인조 15) 남한산성에서 조선의 항복을 받아낸 청나라는 1644년 명나라를 대신해 북경을 차지했다. 그 뒤로 조선은 '오랑캐' 청나라를 천자의 나라로 받들 수밖에 없었지만, 마음으로는 청을 동아시아 문명 즉 중화의 정통으로 인정하지 않았다. 오히려 명나라 멸망 이후 중화문명의 정통이 조선으로 이어졌다는 조선중화주의朝鮮中華主義를 내세우며,[2] 청에 대한 반감을 간직하고 있었다. 따라서 청나라에 사신 가는 길이 결코 즐거울 리 없었음은 당연한 일이었다.

연행길은 기본적으로 와신상담臥薪嘗膽의 복수 의지를 상기하는 여정이었지, 새로운 문물에 대한 호기심으로 충만한 행차는 아니었다. "죽고 사는 것은 하늘에 달려 있으니, 그 곳이 꼭 죽을 곳이겠습니까?" 청나라로 떠나기 전 효종을 위로하던 김육의 이 말은 당시 사람들이 연행을 어떻게 생각했는지 잘 보여주고 있다.[3]

20세기 연행과 북학파에 대한 서술은 조선후기 지식인들의 청나라 방문을 마치 새로운 세계관을 깨우치기 위한 구도求道의 길인 듯 묘사해 왔다. 그러나 여전히 '오랑캐'인 청나라 땅에 사대의 예를 행하러 갔던 그들에게 자꾸 중화주의의 해체를 요구하는 것은 그들이 체험하지 못했던 낯선 경험의 고백을 강요하는 일이다. 18세기 후반이라는 시대적 상황 속에서 그들이 실제로 고민했던 바를 읽어내기 위해서는 근대를 염두에 둔 실학의 틀이 아니라 또 다른 시야 속에서 연행록에 대한 새로운 독법이 필요할 듯하다.

---

2) 조선후기 중화주의 역사적 의미에 관해서는 정옥자, 『조선후기 조선중화사상 연구』, 일지사, 1998; 우경섭, 『조선중화주의의 성립과 동아시아』, 유니스토리, 2013 참조.

3) 『효종실록』 권7, 효종 2년 10월 13일(정사).

2. 『북학의北學議』 다시 읽기

20세기 북학이라는 개념은 박제가朴齊家(1750~1805)의 『북학의』에서 유래했다. 초나라 사람 진량陳良이 주공周公과 공자孔子의 도를 좋아하여 북쪽의 중국으로 가서 공부[北學於中國]한 결과 뛰어난 사람이 되었다는 『맹자』의 내용을 빌어, 박제가는 자신의 연행 경험과 거기에서 비롯된 새로운 학문 경향을 북학이라 규정했다.

박제가의 '북학' 개념 속에는 청나라 문물 사조를 유학의 근원인 주공과 공자의 가르침에 비견하려는 의도가 담겨있었다. 『북학의』의 내용 또한 그간 배척의 대상이었던 청조 문물에 대한 부러움과 동경, 그리고 그에 대비되는 조선의 미개함에 대한 개탄으로 일관된, 대단히 혁신적인 글들로 구성되었다.

정조 연간 네 차례나 북경에 다녀온 박제가는 1778년(정조 2) 첫 번째 연행 직후 『북학의』를 거의 완성했다. 행로에서 견문한 청조의 발전에 놀라며 조선의 일신을 기대하고 저술한 『북학의』는 청나라 문물 수용의 필요성을 공개적으로 제기했다는 점에서, 중화주의에 익숙하던 조선후기 사상계 가운데 분명 파천황적 의미를 지닌 저술이라 평가될 수 있다.

〈그림 2〉 초정(楚亭) 박제가(朴
齊家: 1750~1805)

〈사진 1〉 박제가의 『북학의(北學議)』

　『북학의』에 수록된 매 편의 글들은 대체로 두 부분으로 이루어진다. 하나는 조선 사회의 낙후함이고, 다른 하나는 청조 문물의 번성함이다. 그런데 두 부분의 뚜렷한 대비는 문화의 전수자와 전파자, 미개와 문명의 차별이라는 구도 속에서 이루어진다. 박제가는 문장마다 조선의 쇠락과 무지몽매함을 한탄하며, 이를 타파하는 방법은 오직 '중국을 배우는 길'밖에 없다고 역설한다. 더구나 그러한 지적은 조선의 현실에 대한 통렬한 반성을 넘어 일체의 전통에 대한 자학에 이른다.

우리나라 사람들의 배움은 과거 시험의 범위를 벗어나지 않고, 안목은 조선의 강역을 넘지 못한다. …… 그래서 세련되고 우아한 세계로부터 자신을 차단시켜 버린다. 꽃에서 자란 벌레는 날개나 더듬이조차 향기롭지만, 똥구덩이에서 자란 벌레는 구물구물거리며 더러운 법이다. …… 내가 염려하는 것은 우리나라 사람들의 더듬이와 날개가 향기롭지 않다는 사실이다. ―「古董書畵」

우리나라 사람들은 곧잘 우리 음식을 서로 칭찬하며 중국 음식보다 낫다고 말한다. 하지만 이것은 음식의 근본을 전혀 따져보지 않고 떠드는 말이다. 더러워서 입에 댈 수조차 없는 것이 바로 간장이다. …… 앞으로 먹어야 할 간장을 만들면서 메주를 더럽게 만드는 것은 우물물을 마시려고 하면서 우물에 똥을 던지는 짓과 같다. 또 콩을 다 삶고 나면 쓰지 않는 배 안에다 콩을 가득 채우고 옷을 벗고 맨발로 일제히 콩을 밟아댄다. 그러면 온몸에서 흘러내리는 땀이 모두 다리 아래로 떨어진다. 수많은 남정네의 침과 콧물이 몽땅 배 안에 떨어진다. 요사이 간장에서 간간이 손톱 발톱이나 몸의 털을 발견하게 된다. 그래서 체를 사용하여 모래나 지푸라기 같은 잡물을 걷어낸 다음에야 먹을 수 있다. 세상이 이런 방법에 갈수록 물들어 간다. 그 폐단이 이런 정도다. 이런 사실을 생각하면 더러워 구역질이 난다. ―「醬」

청나라 사람은 꽃에서 자란 벌레이지만 조선 사람은 똥 구덩이에서 자란 벌레라고 묘사한 첫 번째 글이나, 구역질 날 정도로 더러운 조선 음식의 미개함을 강조한 두 번째 글에 담겨진 박제가의 조선 인식은 도대체 어떻게 평가할 수 있을까?

더 나아가 박제가는 조선에서 중국어를 공용어로 사용하자거나 중국 화폐를 통용하자는 대담한 주장까지 제기한다.

중국어는 문자의 근본이다. …… 우리나라는 중국과 가깝게 접경하고 있고, 글자의 소리가 중국의 글자 소리와 비슷하다. 그러므로 온 나라 사람들이 본래 사용하는 말을 버린다고 해도 안 될 이치가 없다. 이렇게 본래 사용하는 말을 버린 다음에야 오랑캐라는 모욕적인 글자로 칭해지는 신세를 면할 수 있다. 수천 리 동국(東國)에 저절로 주(周)·한(漢)·당(唐)·송(宋)의 풍속과 기운이 나타날 것이다. 이 어찌 크게 상쾌한 일이 아닌가? ──「漢語」

중국 건륭제 때 주조한 화폐는 강희제 때 주조한 화폐보다 못하다. 그러나 재질이 좋아 여전히 깨끗하고 윤택이 나며 크기가 똑같다. 우리나라에서 새로 주조한 화폐는 서로 크기가 다르다. 게다가 주석이 많이 섞여 결이 성글고 재질이 물러서 꺾어질 수 있다. 최상책은 지금 동전의 수량이 많으므로 굳이 새로 주조하지 않는 것이다. 차선책은 동전을 주조하는 틀을 반드시 똑같이 만들어 동전의 형태를 완전하고 순수하게 만드는 것이다. 그 다음으로는 동전의 주조에 들어갈 비용을 가지고 중국 동전을 수입하는 것인데, 그러면 몇 곱절의 이익을 볼 것이다. ―「錢」

약소국 조선이 문화적·경제적 정체성을 유지하기 위한 최소한의 방어막인 언어와 화폐마저 청조에 종속시키자는 『북학의』의 인식 속에서 낙후된 현실을 타개할 실용적 대안을 찾아볼 수 있을지언정, 조선의 현실에 대한 역사적 통찰과 철학적 고민은 좀처럼 찾아보기 어렵다.

박제가에게 조선사의 발전이란 외부로부터 모방 내지 수입해야 하는 것일 뿐 결코 안으로부터 이룩될 수 없는 것이었다. 서울 양반집의 서자로 태어나 농사를 생업으로 삼아본 적이 없으면서도, 조선 농부들은 생각 없이 무지몽매하게 힘만 쓸 줄 안다고 비판하며, "요강을 땅속에 묻어 천년을 묵힌다고 골동품이 될 수 없다"[老農]고 비웃던 말에서도 전통에 기반한 내재적 발전의 가능성은 애초부터 찾아보기 어렵다.

박제가의 이러한 주장은 식민지시기 일본 학자들의 안목에 의해 비로소 그 가치가 재발견될 수 있었다. 경성제대 중국철학과 교수였던 후지츠카 지카시藤塚鄰(1879~1948)는

1929년 「李朝の學人と乾隆文化」(『朝鮮支那文化の硏究』에 수록)라는 글을 통해 정조대 규장각을 중심으로 활동했던 조선 학자들의 활동에 처음으로 주목하기 시작했다. 그는 연행을 통해 건륭문화의 위대함에 충격을 받았던 박제가 등 조선 학인들이 스스로의 비루함을 자각하면서부터 주자학으로 일관하던 반도 학계에 새로운 학문적 분위기가 태동했다고 설명한다. 그리고 청조 문물의 전파라는 일관된 관점 아래 연구의 범위를 후대까지 확장하여, 1936년 김정희 金正喜(1786~1856)에 대한 최초의 연구인 「李朝における淸朝文化の移入と金阮堂」이라는 글로써 동경제대에서 박사학위를 취득했다.

조선 사회의 유일한 발전 경로로서 외재적 요인을 상정하고 그 이전과 이후를 단절적으로 파악하는 후지츠카의 관점은 이후 북학론의 기본 입장이 되었다. 북학론을 처음 정립했다고 알려진 최남선의 경우도 후지츠카보다 2년 늦은 1931년에야 북학을 언급했을 뿐 아니라, 그 내용도 후지츠카와 별로 다르지 않다.[4] 해방 이후 박제가에 관한 최초의 논문이라 할 수 있는 1961년 김용덕의 「박제가 연구」역시, 저자 자신이 인정하듯이, 후지츠카의 1929년 논문에

---

4) 허태용, 2006, 앞의 논문 참조.

서 감발된 것이었다. 일본의 '근대화'에 압도되었던 식민지 시기나 한국전쟁의 폐허 속에 미국의 원조로 살아가던 1950~60년대 상황에서, 외부로부터 선진문물을 도입하는 것 이외에 또 다른 발전 경로를 상상하기란 쉽지 않았을 것이다. 이러한 시대적 배경이 박제가를 조선후기의 위대한 사상가로 만들었다.

3. 『열하일기熱河日記』 다시 읽기

선진문물의 수입을 조선의 유일한 활로라 확신하던 경세론자 박제가와 비교하면, 사상가라 일컬을 만한 박지원朴趾源(1737~1805)과 홍대용洪大容(1731~1783)의 청나라에 대한 사유는 한층 복잡하다. 특히 박지원은 박제가의 스승으로 무척 친밀한 관계였지만, 『열하일기』에 보이는 박지원의 대청 인식은 박제가와 자못 다르다. 그럼에도 불구하고 자신의 사상 역시 북학이라 칭해지는 것에 대해, 무덤 속의 박지원은 아마 유감이 많을 듯하다.

서울의 노론 가문에서 성장한 박지원은 1780년(정조 4) 청 건륭제의 70세를 맞이하여 진하사로 임명된 삼종형 박명원朴明源의 자제군관子弟軍官 자격으로 북경과 열하를 다녀왔다.

자제군관이란 정사正使·부사副使·서장관書狀官 등 공식 사절의 호위를 담당하는 개인 비서 정도의 관직인데, 사절들의 친인척 중 젊은 사람들을 선발해 데려가는 것이 관례였다. 이들은 공식 일정에 얽매였던 사절단과 달리 북경에 도착한 이후 비교적 자유롭게 행동할 수 있었다. 그 결과 틀에 박힌 기존 연행록들과 다른, 파격적 체재의 저술들이 자제군관들에 의해 저술되었다. 즉 『열하일기』는 박지원이 노론 벌열가문 출신이라는 가문적 배경—삼종형 박명원은 영조의 사위였다— 위에서 나올 수 있는 작품이었다.

〈그림 3〉 연암(燕巖) 박지원(朴趾源: 1737~1805)

〈사진 2〉 박지원의 『열하일기(熱河日記)』

청 문물 도입을 통한 현실 개혁론을 직설적으로 내세우는『북학의』의 논조와 견주어 볼 때,『열하일기』는 저자가 도대체 무슨 말을 하려는지 그 의도를 간취하기 쉽지 않다. 박제가의 측근이었던 처남 이재성李在誠조차 '연암의 속내를 진정으로 이해하는 사람이 아무도 없었다'고 할 정도였다. 그러나 박지원이 박제가처럼 청조 문물의 일방적 수용을 지향하지 않았던 점은 분명하다. 청조 문물을 외경하던 박제가와 달리, 박지원은 연행 노정 내내 만주족에 대한 비아냥을 그치지 않는다. 하지만 20세기 전반 박제가가 위대한 사상가로 부각되던 시대의 흐름 속에서, 박지원의 방대한 언설 중 입맛에 맞는 일부분만 취사선택된 결과 두 사람의 사상적 차별성은 북학이란 개념 아래 묻혀지고 말았다. 실제로『열하일기』를 비롯한 박지원의 저술을 넘겨보면, '북학자' 박지원의 면모와는 상반된 내용들을 얼마든지 찾아볼 수 있다.

박지원이 28세 때 지은「초구기貂裘記」라는 글을 살펴보자. 이 글에서 말하는 초구란 1658년 효종이 송시열에게 내려준 갖옷으로, 장차 그 옷을 입고 요동의 추위를 견뎌내며 오랑캐를 정벌하라고 당부했던 북벌의 상징물이다. 박지원은 명나라가 멸망한지 120년이 지난 1764년 효종과 송시열을 떠올리며 다음과 같이 말하고 있다.

우리 선왕에게도 위에 임금 있었으니,

명나라의 천자가 우리 임금의 임금이네.

선왕(효종)에게 신하가 있었으니 이름은 시열(時烈) 자는 영보(英甫)라,

천자께 마음 다하기를 제 임금과 같이 했네.

선왕에게 원수가 있었으니 바로 저 건주(建州: 청나라)라,

어찌 우리의 사사로운 원수에 불과하랴, 대국(명나라)의 원수로다. ……

오늘 저녁이 어느 때인고, 세 번째 갑신년이라,

우리는 명나라의 유민이오, 선왕은 성인이셨네.[5]

조선후기 '명나라'라는 말이 지닌 수사적 의미는 논외로 치더라도, 박지원은 17세기 중반 이래의 중화주의에 충실한 사람이었다. 또한 아들 박종채의 회고에 따르면, 그는 송시열의 열렬한 숭배자였다. 자신의 실천적 사상의 근원으로 이이와 송시열의 학문을 지목했던 박지원은 송시열의 전례에 따라 조선 아녀자들의 복식에 수용된 원나라 법식을 배격하며 아이들에게 중화문화의 상징인 쌍상투를 틀게

---

5)『燕巖集』卷3, 貂炎記 "維我先王, 亦維有君, 大明天子, 我君之君. 先王有臣, 時烈英甫, 忠于天子, 如忠其主. 先王有仇, 維彼建州, 豈獨我私, 大邦之讎. …… 今夕何辰, 甲其三申, 明之遺民, 先王聖人."

했다. 무엇보다 『열하일기』 첫머리에서 명나라 마지막 황제 숭정제의 연호를 버리지 못하여 '숭정 즉위 후 세 번째 경자년崇禎後三庚子'이라 표기할 수밖에 없는 사유를 구구절절이 서술했다. 이런 점들을 감안할 때, 박지원을 가리켜 '중화주의를 극복한 근대지향적 학풍의 북학자'로 규정함은 적절치 않은 듯하다. 그렇다면 『열하일기』를 어떻게 읽을 수 있을 것인가? 필자는 압록강 너머의 공간에 대한 새로운 인식이라는 차원에서 『열하일기』의 의미를 재평가할 수 있으리라 생각한다.

조선시대 중국에 사신으로 다녀온 사람들이 남긴 기행문인 사행 기록은 현재 500여 종 이상이 전해진다. 그 기록들은 조선전기의 조천록朝天錄과 후기의 연행록燕行錄으로 대별된다. 전기의 조천록이란 천자에게 조회한다는 의미로, 중화를 중심으로 한 문화적 사대관념의 표현이었다. 하지만 연행록은 연燕 땅에 다녀온 기록이라는 의미로, 청조를 중화가 아닌 일개 '지역'으로 격하시키려는 의도가 담긴 이름이었다.

1637년 병자호란 패전과 1644년 명청교체를 경험한 이후, 조선왕조 지식인들의 머릿속에는 압록강 너머에 대한 고민이 떠나지 않았다. '북벌北伐과 '북학北學'이라는 근대적 개념에서도 지적하듯이, 조선 지식인들은 200년이 넘는 시간 동안 '북北' 즉 압록강 건너의 지역을 정벌의 대상으로 삼을지 아니면 배움의 대상으로 삼을지 고민했다. 그러한 인식은 기본적으로 중화와 이적의 분별의식에서 출발한 것이었지만, 산해관山海關 이남의 중화세계와 구별되는 이질적 공간으로서 압록강 건너의 지역 즉 만주 일대가 새롭게 주목받게 되었음을 말해준다.

그런데 지금까지 이 시기 조선인들의 대중국정책, 대중국인식에 관한 연구들에서 '중국'과 구별되는 또 다른 공간으로서 만주 지역이 지닌 독립적 의미는 크게 주목받지 못한 듯하다. 조선후기 문헌에 등장하는 압록강 건너의 공간은 그저 북경을 중심으로 한 '중국'의 변방 가운데 하나 또는 북경을 가기 위해 거쳐 가는 여정의 일부로만 인식되었다. 그 결과 17~19세기 내내 조선인들의 대중국인식에서 중요한 비중을 차지하던 '북'이라는 지역에 대한 심각한 고민은 사라지고 말았다. 조선인들이 분명 '조선/만주/중국'이라는 삼자의 구도 속에서 인식했던 당시의 국제관계를, 지금의 연구자들은 '조선/청'의 이항대립으로 단순화시키고 있는 것이다.

18세기 연행록에 나타난 압록강 이북은 복잡한 감정의 공간이었다. 1780년 북경으로 향하던 박지원은 압록강변 의주를 떠나 만주 땅으로 건너가며 형언할 수 없는 복잡한 심경에 휩싸인다. 강을 건너야 하나, 말아야 하나? 무더위로 찌는 듯한 만주 벌판과 구름에 아련히 감춰진 조선의 산들을 대비시키며, 그는 압록강을 건너는 순간 진시황을 암살하러 역수易水를 건넜던 자객 형가荊軻를 회상한다. 이는 분명 정벌 혹은 복수의 의지를 암시한다.

박지원뿐 아니라 연행에 참여했던 대부분 조선인들은 산해관까지의 여정 내내 우울한 심경을 토로한다. 압록강을 건너서는 고구려의 강성함을 추억하며 아쉬움에 잠기고, 백이·숙제의 고사가 깃든 수양산을 지날 때 조선에서 가져간 고사리를 삶아먹으며 존주대의尊周大義를 상기한다. 요동 벌판을 주제로 한 시문에 먼 옛날의 자객이나 장수들을 주인공으로 등장시키며 복수의 의지를 암시한 예는 흔히 찾아볼 수 있다. 그러다가 산해관을 지나 이른바 관내關內에 들어서면 갑자기 태도를 돌변하여 중화문화의 유구한 전통을 찾아보기에 여념이 없다.

그러나 '북학'이란 담론은 18세기 후반 조선인들이 당면했던 그러한 자기분열적 고민을 읽지 못한 채, 그들의 사유를 단지 사대주의에 매몰된 허위의식으로 치부한다. 의주에서 북경까지의 사행길을 "문명의 연행길"이라는 표현한 책 제목에서도 볼 수 있듯이, 연행은 문명세계인 북경에서 발신된 청나라 선진 문물이 낙후한 조선으로 흘러드는 일방적 전파의 과정으로 이해되었다. 반면 조청관계 인식의 핵심 요소라 할 수 있는 압록강 건너 만주의 지역성은 별로 고려되지 않았다. 연행에 관한 대부분 연구들이 아직도 드러내고 있는 전파주의적 관점은 앞서 지적한 바와 같이, 근대화의 통로로서 외래 문물의 도입을 강조하며 청조 고증학과 서학의 조선 전파에 주목했던 식민지 시대 이래의 북학 담론에서 기인하는 한편, 최근 미국 학계의 신청사新淸史 (New Qing History) 연구자들의 지적과 같이 중국중심적 청대사 이해와도 관련이 있다.

1990년대부터 미국을 중심으로 형성된 신청사가들은 그간 청대사 연구에서 간과되어 온 만주 또는 만주족의 정체성과 내륙아시아적 전통을 새롭게 조명하고 있다. 종래의 역사가들은 청나라의 북경 점령, 즉 입관入關을 전후한 짧은 시기를 다룰 때에만 만주족을 청의 주체로 부각시키고, 이후로는 만주족이 지배민족이라는 사실을 청사의 주요 요소로 별반 고려하지 않았다. 이러한 '중국' 중심적 시각에 따르면, 만주족은 청 중기부터 자신의 문화와 언어를 상실하고 한족에 융해되어 버렸고, 그러므로 만주족이 청조의 지배집단이었다는 사실은 청대사에서 별로 중요한 요소가 아니라는 것이었다.

그러나 신청사가들은 만주족이 한화漢化되었다거나 혹은

만주족의 중국 지배가 만주족의 한화에 의해 가능했다는 종래의 중국중심적 시각을 비판한다. 그들은 만주족이 청말까지도 민족적 정체성을 유지하면서 다수의 피지배민족에 대한 소수 지배민족의 통치를 유지할 수 있었다고 주장한다. 만주족이 자민족의 정체성을 유지하면서 중국보다 내륙아시아의 전통에 영향을 받았고 그것을 통치에 지속적으로 활용했다는, 이른바 내륙아시아적 시각을 제시하고 있다.6)

여기서 신청사를 상론할 여유는 없지만, 분명한 점은 만주라는 지역을 전통적 중국사의 영역에서 독립시켜 고찰하고 있다는 사실이다. 만주 및 만주족의 내륙아시아적 지역성을 강조하는 이러한 관점은 17~18세기 조선 지식인들의 고민을 중화/이적 혹은 문명/야만의 구도 아래 단순화시켜온 기존의 인식을 교정하는데 중요한 시사를 제시할 수 있을 듯하다. 즉 조선후기 지식인들의 저항의 대상은 선진 문물의 보유하고 있던 '중국'이 아니라 여전히 내륙아시아적 지역성을 견지하던 '만주'였다는 점을 숙고할 필요가 있다. 그리고 그 시기 동아시아의 정세를 만주 혹은 만주족이라는 새로운 중심의 지역성이 점차 확대되어 가던 시기로 이

---

6) 윤영인, 「만주족의 정체성과 청대사 연구」, 『만주연구』 5, 만주학회, 2006; 김선민, 「만주제국인가 청 제국인가-최근 미국의 청대사 연구동향을 중심으로」, 『사총』 74, 고려대 역사연구소, 2011 참조.

해한다면, 조선후기 사회의 움직임 또한 내륙아시아적 지역성에 맞서서 스스로의 정체성을 새롭게 설정해가는 과정으로 파악할 수 있을 것이다.

　하늘이 무너지고 땅이 꺼지는 비운을 만나게 되자 천하 사람들의 머리가 모두 깎여 온통 오랑캐가 되고 말았다. 조선 땅 한 모퉁이가 비록 이 수치를 면했다고는 하지만, 중국을 위해 복수하고 치욕을 씻고자 하는 생각이야 하루인들 잊을 수 있으랴! …… 그러나 주나라는 주나라이고 오랑캐는 오랑캐일 뿐이다. 왜냐하면 중국의 성곽과 궁실과 백성들은 본래 그대로 남아있고, 정덕(正德)·이용(利用)·후생(厚生)의 도구들도 옛날과 같다. 최(崔)·노(盧)·왕(王)·사(謝)의 씨족이 없어지지 않았고, 주(周)·장(張)·정(程)·주(朱)의 학문도 사라지지 않았으며, 삼대 이후 현명한 제왕과 한·당·송·명의 아름다운 법률 제도도 변함이 없다. 저 오랑캐들은 중국의 문물이 이롭고 오래 누릴 만한 것임을 알면, 억지로 빼앗아 움켜쥐고는 마치 본래부터 지기들이 가지고 있었던 것처럼 한다. 대개 천하를 위하여 일하는 자는 진실로 인민에게 이롭고 나라에 도움이 될 일이라면, 그 법이 비록 오랑캐에게서 나온 것일지라도 이를 거두어서 본받아야 한다. 하물며 삼대 이후의 성스럽고 현명한 제왕들의 법도와 한·당·송·명이 지녔던 전통이라면 어떠하겠는가? 성인이 『춘추』를 지은 본뜻은 존화양이를 위함이었지만, 그렇다고 오랑캐가 중국을 어지럽혔음을 분하게 여겨 중국의 존숭할 만한 사실조차 모조리 내치라고 했다는 말은 아직 듣지 못했다. 그러므로 지금 사람들이 참으로 오랑캐를 물리치려면, 중화의 남겨진 법제를 모조리 배워서 우리의 어리석고 고루하며 거친 습속부터 바꾸는 것이 급선무일 것이다.

—「馹迅隨筆」

조선/만주/중국의 3자 대립의 구도 속에서 조선의 개혁을 주장한 박지원의 말은 분명 17세기적 전통과 단절된 것이 아니었다. 조선전기 내내 중화의 영역으로 치지도외하며 별다른 관심을 기울이지 않았던 압록강 건너 만주에 대한 17세기적 인식의 토대 위에서, 박지원은 그들과 구별되는 또 다른 공간으로서 조선의 독자적 지역성을 상상했던 것이다.

4. 맺음말

1765년(영조 41) 숙부를 수행하여 북경에 다녀온 경험을 바탕으로 탄생한 홍대용洪大容(1731~1783)의 역외춘추론域外春秋論 역시 박시원의 고민과 유사하다. 주나라 도읍지 낙양洛陽에서 공자孔子의 활동무대 노나라까지 거대한 지역을 하나의 역사세계로 간주한『춘추』적 지역인식과 달리, 홍대용은 중화의 넓은 영역을 여러 개로 쪼개고 각각의 독자적 지역성을 허용하고 있다. 이 과정은 곧 중화주의의 실질적 해체과정이자, '중국 아닌 중화'를 이론적으로 뒷받침할 수 있는 새로운 공간 인식이었다. 그러나 20세기 북학 담론은 동아시아 질서를 중화/이적의 수직적 틀에서 벗어나 지역이라는 수평적 구도에서 상대화해가던 18세기 조선 지식인들의 지적 노력을 또다시 문명/야만의 수직적 구도로 환원시키고 말았다는 점에서 그 문제점을 드러내고 있다.

〈그림 4〉 담헌(湛軒) 홍대용(洪大容: 1731~1783)

조선후기 북경으로 향하던 연행사들은 선진문물을 도입하러 가던 문화사절단이 아니었다. 그들은 한때 적국이었던 오랑캐 청나라에 사대의 예를 행하러 가거나, 약소국 조선의 사정을 변명 또는 하소연하기 위해 가던 사람들이었다. 그들의 연행 노정이 결코 기꺼웠을 리 만무하지만, 20세기 역사학자들은 그들의 절박함과 복잡한 심경을 애써 무시했던 듯하다. 그리고 북학이라는 개념을 통해 마치 새로운 학문과 사상을 배우러 가던 문명화의 여정이 연행의 본질이었던 듯 서술해 왔다.

　　그러나 박지원과 홍대용 등 탁월한 연행기를 남긴 사람들조차 여전히 중화주의라는 17세기적 사유방식에 한 발을 딛고서 당시의 조청관계에 대한 분열적 고민을 안고 있었다. 그들이 북경의 뒷골목에서 국경을 넘는 교유를 맺었던 사람들은 만주족이 아니라 명나라의 유민인 한족들이었다. 그들과 더불어 눈물을 흘리며 100여 년 전 명나라의 멸망을 함께 아파했던 홍대용에게 근대적 개화지식인의 모습을 기대해 온 그간의 북학 연구의 경향이 과연 타당한 지 성찰해 볼 필요가 있으리라 생각한다.

참고문헌

신호열·김명호 역, 『연암집』, 돌베개, 2007.

김혈조 역, 『열하일기』. 돌베개, 2009.

안대회 역, 『북학의 – 완역정본』, 돌베개, 2013.

정옥자, 『조선후기 조선중화사상 연구』, 일지사, 1998.

우경섭, 『조선중화주의의 성립과 동아시아』, 유니스토리, 2013.

강명관, 「조선후기 한문학 연구의 새로운 지평 모색」, 『한국한문학연구』 19, 한국한문학회, 1996.

김선민, 「만주제국인가 청 제국인가–최근 미국의 청대사 연구동향을 중심으로」, 『사총』 74, 고려대 역사연구소, 2011.

신항수, 「비판적 시각으로 살펴본 실학 연구」, 『내일을 여는 역사』 21, 서해문집, 2005.

윤영인, 「만주족의 정체성과 청대사 연구」, 『만주연구』 5, 만주학회, 2006.

이봉규, 「21세기 실학 연구의 문법」, 『韓國實學思想硏究』 Ⅰ, 연세대 국학연구원, 2006.

정병련, 「실학연구의 문제점과 그 전개과정」, 『동양철학연구』 19, 동양철학연구회, 1998.

조광, 「개항기 및 식민지시대 실학연구의 특성」, 『한국실학연구』 7, 한국실학학회, 2004.

한영우, 「'실학' 연구의 어제와 오늘」, 『다시, 실학이란 무엇인가』, 푸른역사, 2007.

허태용, 「'북학사상'을 연구하는 시각의 전개와 재검토」, 『오늘의 동양 사상』 14, 예문동양사상연구원, 2006.

더 읽어볼 책들

박제가 지음, 안대회 엮음, 『쉽게 읽는 북학의』, 돌베개, 2014.

박제가의 『북학의』는 해방 이후 여러 차례에 걸쳐 번역되었는데, 최근 안대회의 번역이 가장 탁월하다. 『북학의』 원문에 대한 학술적 검토는 『북학의-완역정본』(돌베개, 2013)을 보아야 할 것이지만, 일반 독자들에게는 『북학의』 내용을 주제별로 요령 있게 정리한 『쉽게 읽는 북학의』(돌베개, 2014)를 추천한다.

박희병 지음, 『연암을 읽는다』, 돌베개, 2006.

박지원의 산문 20편을 엄선하여 번역한 책으로, '실학자' 박지원이 아닌 인간 박지원의 면모를 보여주는 대표적인 성과이다. 문장 하나, 단어 하나의 사용에 유의하며 박지원의 텍스트 자체에 정밀한 분석을 가하면서도, 이를 유려한 우리말로 번역해 낸 노고가 돋보인다.

정옥자 지음, 『조선후기 역사의 이해』, 일지사, 1993.

20세기 이래 근대주의적 역사관이 조선후기 사회를 어떻게 곡해했는지에 관한 근원적 문제의식을 일반인들도 쉽게 읽어낼 수 있도록 평이하게 서술한 책이다. 주자학에 대한 일방적 매도 위에서 성립된 북학 담론이 지닌 역사적 오류를 보다 상세히 탐색하고 싶은 독자들은 이 책을 필독하실 것.

청대淸代의 서적과 조선

이준갑

서울대학교 동양사학과를 졸업하고 동대학교에서 문학 석사와 박사학위를 취득하였으며, 현재 인하대학교 사학과 교수로 재직 중이다.
주요 저서로는 『동아시아 영토분쟁의 어제와 오늘』(글로벌콘텐츠, 2014), 『우리안의 타자, 동아시아』(글로벌콘텐츠, 2011), 『중국의 청사편찬과 청사연구』(동북아역사재단, 2010), 『아틀라스 중국사』(사계절, 2007) 등이 있다.

청대清代의 서적과 조선

1. 꿩 대신 닭?: 『고금도서집성』

진하사 및 사은사절단을 인솔하여 청나라로 갔던 정사 이은李溵과 부사 서호수徐浩修는 1777년(정조 1, 건륭 42) 2월 24일(이하 음력) 귀국길에 오를 즈음 정조에게 다음과 같은 내용의 장계를 올렸다.

"『사고전서』를 구하여 사오는 일은 序班1)들에게 상세히 탐문하

---

1) 명청시대 홍려시(鴻臚寺)나 회동관(會同館)의 소속 文官의 官職名으로 청대에는 종9품이었다. 序班의 職能은 통상적으로 朝會라든가 宴饗등의 의례를 거행할 때 관료들의 반열을 정해주는 것이었다. 외국 사신과 통역일도 맡아보았는데 조선 사람이 명이나 청으로 가서 서반이 되어 조선 사신을 접대하는 경우도 있었다. 조선의 사신들이 중국에 관한 물정을 탐문할 때 이들의 도움을 받는 경우가 많았다.

여 보았더니 말하는 것이 한결같지 않았기 때문에 다른 방도를 택하여 編校한 翰林에게 누차 왕복시켜[물어보았]습니다. 그랬더니 말하기를, '이 책은 거의 수만 권이나 되는데 抄寫한 것이 상당히 많고 刊印한 것은 십분의 일이 된다. (중략) 그러나 초사와 간인을 막론하고 工役이 아직 멀었다.'고 운운하였습니다. (중략) 삼가 생각건대 『사고전서』는 실로 『도서집성』에 의거하여 그 규모를 확대한 것이니, 『도서집성』이 바로 『사고전서』의 原本입니다. 이미 『사고전서』는 구득하지 못할 바에는 먼저 『도서집성』을 사오고 나서 다시 공역이 끝나기를 기다려 계속 『사고전서』를 구입하여 오는 것도 불가할 것이 없을 것 같기에, 序班들에게 문의하여 『고금도서집성』을 찾아냈는데 모두 5천 20권에 5백 2匣이었습니다. 그 값으로 銀子 2천 1백 50냥을 지급했는데, 지금 막 실어서 운반하고 있습니다."[2]

장계의 내용을 살펴보면 사절단이 서울을 출발할 때 정조는 이들에게 『사고전서』를 구입해오도록 명령했음이 분명하다. 그런데 사절단이 막상 북경에 도착하여 사정을 알아보니 『사고전서』는 수만 권에 달하는 전대미문의 거질巨帙인데다가 아직 완성되지도 않았다. 왕명을 수행할 수 없어 난처해진 정사와 부사는 훗날 『사고전서』가 완성되면

---

2) 『정조실록』 권3, 정조 1년(1777) 2월 24일(경신) 2번째 기사.

구입할 수 있을 것 같다는 희망 섞인 관측을 내놓았다. 이들은 대신에 『고금도서집성』을 구입하고 그것이 『사고전서』의 원본이라고 애써 강조함으로써 갓 즉위하여 중국 도서를 구입하려는 의욕에 넘치던 정조의 허전한 심기를 달랬다. 동시에 은연중 자신들은 임무에 충실했노라고 암시했다. 이리하여 뜻하지 않게 '닭 대신 꿩'이라는 심정으로 구입한 『고금도서집성』은 규장각에 보관되어 오늘날까지 전해지고 있다. 물론 책의 전문이 아니라 주제에 맞는 부분 부분을 인용해 놓은 백과사전[類書]에 속하는 『도서집성』이 역대의 중요한 전적을 집대성하고 전문全文을 수록한 총서叢書인 『사고전서』의 원본이 아님을 두말할 나위도 없다.

그렇다고 해서 『고금도서집성』 자체의 가치가 낮다는 말은 결코 아니다. 강희 연간부터 편찬되기 시작한 이 책은 대규모의 유서類書로서 인용한 서적이 많고 수록한 내용이 극히 풍부한 자료이다. 연행사절단이 구해온 이 책은 1726년(옹정 4)에 편찬을 완료하고 두해 뒤에 청조의 관판본官版本 도서를 정교하게 인쇄하던 것으로 유명한 무영전武英殿에서 구리활자로 모두 64부部를 인쇄하였다. 본문 내용 5,000책, 목록 20책으로 구성되었는데 연행사절단이 5,020권을 구했다는 것은 목록과 본문을 모두 포함한 완질을 구입했다는 의미이다. 옹정 연간에 간행한 『고금도서집성』 64부 가운데 지금 중국 내에서는 겨우 5부만이 온전하게 남아 국가도서관(우리의 국립중앙도서관에 해당)·중국과학원도서관·감숙성도서관 등 처에 보존되어 있다.

황실에서 인쇄하고 소장했던 이 책의 외부 유출 경위가 분명하게 밝혀진 사례는 한 건이다. 건륭제는 『사고전서』 편찬을 위한 자료로서 전국에서 책을 널리 수집했을 때 500종 이상의 서적을 바친 장서가들에게 『고금도서집성』 한 질씩을 상으로 하사했다. 물론 이런 장서가들은 전국적으로 몇 명에 불과했다. 이들은 재물에 아쉬움이 없었으므로 책을 팔아야할 이유가 없었다. 설령 그럴 마음이 있었더라도 황제의 선물인 이 책을 하사받은 지 채 몇 년이 지나지

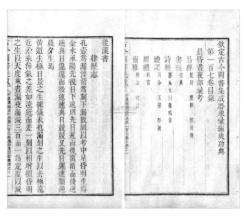

〈사진 1〉 『고금도서집성』

않은 시점에서 팔아버리는 불경을 범했을 경우 겪어야할 풍파는 엄청났다. 이들은 연행사절단에게 결코 이 책을 팔 처지가 아니었던 것이다.

그러면 북경의 궁궐과 몇몇 장서가들의 장서로만 소장되었던 이 책이 어떻게 연행사절단의 손에 들어오게 되었을까?『정조실록』의 기록에 따르면 연행사절단은 서반序班을 통해 북경의 책방에 흘러들어 와 있는 이 책을 구입할 수 있었다.[3] 이 책을 소지했던 황실의 누군가가 불가피한 사정으로 책방에 내다 팔았을 것이다. 실제로 당시 연행사절단이 북경을 방문하기 9년 전인 1768년(건륭 33) 무렵에 북경 유리창의 서점가에는 장서가나 독서인들의 이목을 끄는 일대 사건이 발생하였다. 과군왕果君王 홍첨弘瞻의 자득원自得園 장서 1만여 권 2,000질帙이 북경 유리창의 서적상인 주씨周氏가 운영하는 보명당寶名堂으로 팔려나간 것이었다. 1733년(옹정 11)에 옹정제의 여섯 째 아들로 태어난 홍첨은 건륭 연간에 과친왕果親王으로 봉해졌다. 그 후 비리 때문에 버일러[패륵(貝勒)]로 강등되었다가 1763년(건륭 28)에 과군왕으로 봉해졌다. 그는 청 황실의 저명한 장서가 가운데 한 명이었고 처벌받기는 했지만 평소 건륭제의 남다른 총애를 받

---

3)『정조실록』 권11, 정조 5년(1781) 6월 29일(경자) 2번째 기사;『정조실록』 권3, 정조 1년(1777) 7월 24일(경신) 2번째 기사

았다고 전해진다. 그는 1750년(건륭 15) 이래 몇 년 동안 황제의 어제 시문을 정리하거나 간행하기도 하고 황제가 사용하는 먹과 붉은 먹 등을 제조하는 무영전武英殿 어서처御書處에서 근무한 이력이 있다. 건륭제의 남다른 총애와 어서처 근무 경력 등을 고려하면 그가 건륭제로부터『고금도서집성』한 질을 하사받았을 것으로 추론하는 것도 크게 무리는 아니다. 그는 1765년(건륭 30) 젊은 나이에 사망했다. 그로부터 3년 후 그가 생전에 모았던 자득원自得園 장서藏書가 유리창의 서점에 팔렸다. 홍첨의 장서가 시중에 나온 원인을 경제적 궁핍함으로만 돌리기는 어렵다. 무언가 복잡한 집안 사정이 있었을 것이다. 그의 사후 맏아들이 과군왕의 작위를 세습하여 생활하기에 부족하지 않는 봉록을 받았기 때문이다. 그로부터 9년이 흐른 후 연행사절단은 청나라 서반의 도움을 받아서 자득원 장서에 포함되었던『고금도서집성』한 질을 주씨의 보명당에서 은자銀子 2천 1백 50냥을 주고 산 것이라고 짐작해 본다.

　정조는『고금도서집성』을 손에 넣은 다음 극極(북극성. 임금의 비유), 홍재弘齋(정조의 호), 만기지가萬機之暇(임금이 정사를 쉬는 한가로운 때)이라는 세 개의 장서인을 찍고서 이 책에 대한 자신의 깊은 관심을 표시하였다. 정조는 대체로 소장한 책에 두 방의 장서인을 찍었고 세 방 이상의 장서인을 찍는 것은 무척 아끼던 책에 한정했다. 세 방 이상의 장서인은 전체 장서인의 1/4에 채 미치지 못한다. 이는 규장각 소장 조선본 서적에 찍힌 장서인을 분석한 연구결과이지만 중국본의 경우도 크게 다르지 않을 것이다. 기왕의 연구에서 주장하듯이 『고금도서집성』에 찍힌 조선인朝鮮人이라는 인장 역시 정조의 장서인으로 볼 수 있다면4) 이 책에는 모두 네 방에 달하는 정조의 장서인이 찍혀 있다. 『고금도서집성』에 찍힌 네 방의 정조 장서인은 그가 이 책을 애지중지했다는 사실을 드러내주는 생생한 증거라고 할 수 있다.

물론 이후에도 조선 사절단은 북경에서 기회가 닿을 때마다 『사고전서』에 관한 소식을 추적하고 들은 바를 정조에게 보고했다. 책이 완성된 이듬해인 1783년(정조 7, 건륭 48) 동지사 겸 사은사로 북경에 갔던 사절단은 "『사고전서』가 지난해 (1872) 봄에 비로소 완성되었는데, 한 질이 3만 6천 권이고 총목總目이 2백 권이나 됩니다"고 보고하였다.5) 1785년(정조 9, 건륭 50)에는 사은사謝恩使 서상관書狀官이었던 이정운李鼎運이 별단別單에서 '『사고전서』의 네 부를 베끼는 일은 지난해 겨울에 끝마쳐서, 문연각文淵閣·문원각文源閣·문진각文津閣·

---

4) 김영진·박철상·백승호, 「정조(正祖)의 징서인(藏書印)-규장각 소장 조선본(朝鮮本)을 중심으로-」, 『奎章閣』 45, 서울대 규장각한국학연구원, 2014, 121쪽.

5) 『정조실록』 권15, 정조 7년(1783) 3월 24일(을묘) 5번째 기사.

문소각文溯閣 등의 전각殿閣에 나누어 보관하였는데, 매 부마다 모두 3만 6천 권이나 되며, 그중에서 뛰어난 글을 초출抄出하여 인쇄에 넘겼습니다'고 보고 하였다.6)『사고전서』가한 질이 아니라 네 질이 만들어져 각각 다른 네 곳의 서고에 보관되었다는 사실을 알린 것이다. 이 책에 대한 사신단의 마지막 소식은 연행사의 서장관으로 다녀온 심능익沈能翼이 별단을 올리면서 '『사고전서』는 모두가 6천 1백 44함函인데, 먼저 필사筆寫를 하고 이미 상세히 교정을 거친 것이 5천 8백 50여 함이며 무영전 제조武英殿提調가 관계하고 있습니다. 근래에 문원각·문연각·문진각의 관원들이 조사하고 상세히 교정하는데 (중략) 아직까지 일을 끝내지 못하였습니다'7)고 교열 사실을 전한 것이었다.

　『조선왕조실록』에는 이후에 다녀온 연행사가 이 책의 추이에 대해 보고한 사실을 기록하지 않고 있다. 아마도 정조는 이 책을 돈으로 구입할 수 없다는 사실을 이 무렵에 간파하고『사고전서』구매에 대한 미련을 접은 듯하다.『사고전서』는 구입하지 못하고 대신에 우연히『고금도서집성』을 사오긴 했지만 그것은 결코 꿩을 대신한 닭이 아니라 다른

　6)『정조실록』권19, 정조 9년(1785) 4월 19일(무술) 6번째 기사.

　7)『정조실록』권34, 정조 16년(1792) 3월 23일(임진) 3번째 기사.

종류의 꿩이었다. 『사고전서』가 장끼라면 『고금도서집성』은 까투리라 할 수 있다. 『고금도서집성』은 대규모 백과사전[類書]으로 내용이 극히 풍부한데다 오늘날에는 중국에서조차도 완질完帙이 극히 드문데 규장각에서 그 희귀본 완질을 보존하고 있으니 말이다.

그러면 정조가 무척 구입하고 싶어 했던 『사고전서』란 과연 어떤 책이었을까?

2. 『사고전서』

『사고전서』 편찬사업은 1772년(건륭 37) 정월 초나흗날에 시작되었다. 이때 건륭제는 각 성省의 총독과 순무, 학정學政에게 휘하의 지방관들을 통솔하여 관할 구역 내에 있는 역대의 서적들을 구입하거나 필사하여 북경으로 보내도록 명령했다. 또 책을 다수 소지한 장서가들에게도 귀중본을 북경으로 보내도록 독려했다. 이듬해 초에 건륭제는 사고전서처四庫全書處(후에 四庫全書館으로 고침)를 설립하여 전국에서 보내온 서적들을 정리하는 임무를 맡겼다. 여기에는 학문에 정통한 관료와 재야의 학자들 300여 명이 소속되었다. 책임자인 총재總裁와 그 아래에 부총재, 찬수관(편찬실무자), 분교

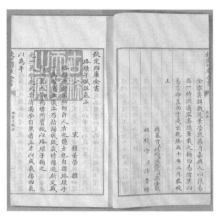
〈사진 2〉『사고전서』

관(오탈자를 잡아내는 교감 작업자) 등을 두어 『사고전서』 편찬
에 참여하게 했다. 필사하는 인원도 별도로 3,800여 명 두었
다. 1781년(건륭 46)에 들어서서 전통적인 중국의 도서분류법
인 경經·사史·자子·집集의 4부部로 분류된 3,693종 36,500책
에 달하는 『사고전서』 한 질이 완성되어 자금성 문연각에
보관되었다. 이를 문연각본 『사고전서』라고 한다. 문연각본
『사고전서』는 모두 7질에 달하는 『사고전서』 가운데 최초로
만들어졌을 뿐 아니라 내용이 가장 정확하여 정본正本으로
취급된다.

　　이처럼 건륭제가 전례를 찾아볼 수 없는 거대한 총서를
편찬하게 된 이유는 크게 두 가지였다. 하나는 청초 이래

지속되어 오던 한족들의 반청사상을 억누르기 위함이었다. 청조는 산해관을 넘어온 이래 지속적으로 문자옥을 발생시켜서 한족 지식인들이 반청(만주)적 사상을 표현하는 행위를 가혹하게 처벌했다. 전혀 반청(만주)적 표현이 아니더라도 황제들은 제멋대로 반청적 표현이라고 누명을 씌우고 처벌함으로써 많은 한족 지식인들을 희생시키는 경우도 있었다. 화이론華夷論을 세계관으로 삼은 한족들로서는 이적夷狄[야만인]인 만주족이 중국을 정복하고 지배하는 현실을 심정적으로 도저히 용납하기 어려웠다. 이런 반청(만주)감정 혹은 반청(만주)사상을 억누르기 위해 청조의 황제들은 사상탄압에 나섰다. 건륭제 역시 선왕들의 이런 정책을 답습하면서 한족 지식인들에게 청조에 대한 심정적 복속을 요구했다. 이런 의도로 건륭제는『사고전서』편찬의 자료로 제출된 많은 책들 가운데 3,100여 종을 금서禁書로 지정하거나 폐기 처분함으로써 진시황의 분서갱유에 버금갈만한, 책에 대한 '대학살'을 감행하였다.

또 다른 이유는 건륭제가 청제국의 영역을 유례없이 확장시켜 일통一統의 군주로 자리매김하게 되자 그 일통을 뒷받침하는 요소로서 덕치德治 이념을 대대적으로 선전할 필요를 느꼈기 때문이었다. 그는『사고전서』를 편찬함으로써 중국 문화의 후원자 혹은 수호자라는 이미지를 한족들에게 각인시키는 방식으로 덕치 이념의 선전에 나섰다. 이 편찬 작업에 동참한 지식인 그룹이 재야의 한족 지식인이었다. 고증학자였던 이들은 자신이 축적한 학문적 역량을 바탕으로 『사고전서』 편찬과정에서 진행된 서적의 분류, 교정과 보완, 망실된 서적의 복원 작업 등 다양한 방면에서 성과를 올렸다. 재야의 한족 지식인들은 건륭제의 통치와 청조 지배 하의 정치·경제·외교·문화·군사적 현실을 목도하면서 성세라는 관념을 가지고 『사고전서』 편찬에 참여하게 되었다. 그리하여 이들이 품었던 화이론에 입각한 배타적 종족관념 즉 반청(만주) 사상이나 감정은 상당히 수그러들게 되었다. 건륭제의 『사고전서』 편찬 의도에는 강경책과 유화책이 함께 내포되어 있었다.

건륭제는 1787년(건륭 52) 문연각본 『사고전서』를 저본으로 삼아 6부를 더 필사하여 그 가운데 3질은 북경에 소재한 원명원의 문원각, 열하 피서산장의 문진각, 성경(심양) 고궁의 문소각에 각각 보관시켰다. 이를 북사각北四閣이라고 한다. 북사각의 도서는 황실 전용의 도서로서 일반인의 이용이 금지되어 있었다. 이와는 별도로 한림원 안에는 부본副本이 있어서 관료나 지식인들이 그곳으로 가서 도서를 열람하고 베낄 수 있었다. 나머지 3질은 양주의 문회각, 진강의 문종각, 항주의 문란각에 소장하였는데 이를 남삼각南三閣이라 한다. 남삼각의 도서들은 민간의 학자들에게 개방되어 열람과 베끼기가 허용되었다.

건륭제와 그의 신하들, 재야의 학자들이 대거 참여해서 만든『사고전서』7질의 운명은 그다지 평탄하지 못했다. 남삼각의 경우 청말 태평천국 시기의 전란으로 심각한 훼손을 당했다. 문회각(양주)과 문종각(진강)의『사고전서』는 태평천국 시기의 전란으로 인해 불타 없어졌다. 문란각(항주)의『사고전서』도 태평천국 시기에 도서의 2/3가 흩어졌는데 그 후 세 차례에 걸쳐 흩어진 책들을 수집하는 한편 필사 작업을 거쳐 대체적인 모습을 회복하였다. 이 판본은 현재 항주의 절강도서관에서 보존하고 있다. 북사각에 보관된『사고전서』의 운명은 남삼각에 비해서는 조금 나은 편이었

〈사진 3〉 자금성 문연각

다. 북사각 가운데 가장 심각한 피해를 당한 것은 원명원의 문원각본이었다. 이 책은 제2차 아편전쟁 때 영국과 프랑스 연합군이 불태워버렸다. 청말에서 민국 초년에 정세가 혼돈되자 중화민국 정부는 열하 피서산장에 소장된 문진각본을 1915년 북경도서관으로 이동하여 보관하였다. 그 후 이 책은 지금까지 북경도서관에 보관되어 있다. 성경(심양) 고궁의 문소각본은 중화민국 시기에 북경으로 옮겼으나 그 후에 다시 원위치 시켰다. 1966년부터는 건조한 서쪽 변방인 난주의 감숙성 도서관으로 옮겨 지금까지 보관하고 있다. 정본인 문연각본『사고전서』는 장개석 정부가 대만으로 옮겨갈 때 그곳으로 가지고 갔다. 지금은 타이베이시 외곽의 고궁박물원 서고에 소장되어 있다.

　1982년은『사고전서』의 운명에 다시금 전기轉機가 찾아온 해였다. 이전의 기구한 운명과는 달리 이번에는 행운이 찾아왔다. 대만의 상무인서관에서 문연각본『사고전서』전체를 영인하여 공급한 것이다. 이 영인본은 당시 미화 27,000달러의 가격으로 판매되었다. 세계 각지의 유수한 대학과 중국학 연구기관에서 이 책을 구입하여 수많은 연구자들이 보다 손쉽게 중국의 사상과 문화의 정수에 접근할 수 있도록 편의를 제공했다. 우리나라에서는 1988년에 한 출판사가 대만 상무인서관의 영인본을 다시 영인하여 대학도서관을 비롯한 공공 도서관에 보급하였다. 이리하여 국내 중국학 연구자들도 이 책을 귀중한 자료로써 보다 편리하게 이용할 수 있게 되었다. 근래에는 중국에서 대규모 인력을 동원하여 검색기능을 갖춘 전자판『사고전서』를 제작하고 보급함으로써 세계의 연구자들이 훨씬 더 편리하게 이용할 수 있도록 했다.

『사고전서』는 위낙 방대한 총서여서 그 속에서 원하는 책을 찾아내고 읽는 것이 여간 어려운 일이 아니었다. 이에 건륭제는 책에 대한 접근성을 높이기 위해서 목록과 해제와 축약본 총서와 같은 몇 가지 부속 도서들을 편찬하도록 지시했다. 이리하여 탄생한 목록이『사고전서간명목록』이다. 여기에는 책의 제목과 저자 그리고 대단히 간결한 해제가 포함되어 있다. 축약본으로는『사고전서회요』와『무영전취진판총서』가 있다. 전자는 11,170책으로 구성되어 있는데 이는『사고전서』의 1/3에 달하는 분량이다. 여기에는 『사고전서』가운데 중요한 내용을 담은 책들이 포함되어 있다. 후자는 134종으로『사고전서』가운데 가장 희귀하고 가치 있는 책들을 나무활자로 인쇄하였다. 목록해제로는 『사고전서총목제요』를 들 수 있다. 이 책은『사고전서』에 포함된 책들의 목록을 만들고 각의 책의 이름 아래에 해세를 수록한 것이다.

이 책들 가운데『사고전서간명목록』(20권 12책)은 서울대학교 규장각에 소장되어 있다. 1782년(정조 6, 건륭 47)에 간행된 이 목록에는 희정당熙政堂(창덕궁의 한 건물. 정조가 집무하던 공간)이라는 정조의 장서인이 찍혀 있다. 정조는 연행사절단이 구해온 이 목록을 살펴봄으로써『사고전서』의 규모와 수록된 책의 이름과 내용을 대강 파악할 수 있었다.

3.『대학연의보』와『대학유의』

정조는『사고전서간명목록』을 살펴보면서 자신이 소장한 중국 책 가운데 어떤 것이『사고전서』에 포함되었는지 알 수 있었다. 호학好學의 군주로 널리 알려진 정조는 중국 책 가운데 어떤 책을 가장 정성들여 읽었을까? 필자는 명나라 사람 구준丘濬(1421~1495)의『대학연의보大學衍義補』가 바로 그 책일 것이라고 짐작해 본다. 이 책이 제왕학帝王學의 교과서이기 때문이다.

『사고전서간명목록』에는『대학연의보』(160권)를 다음과 같이 간략하게 해제했다.

"眞德秀의『大學衍義』는 格[物], 致[知], 誠[意], 正[心], 修[身],

齊[家]에 머물렀고 治[國], 平[天下]의 일에 대해서는 미치지 못했다. 구준은 이 때문에 이 책(=『대학연의보』)을 지어서 그것을 보완하였다. 12目으로 나누었다. 여러 학자들의 말을 널리 채택하고 자신의 견해를 덧붙였다. 책이 비록 거칠고 장황하지만 그러나 요점은 잃어버리지 않아서 典範이 된다. 대개 구준의 사람됨은 비록 시기심이 많았으나 학문은 넓었다."

해제를 부연 설명하자면 이렇다. 진덕수眞德秀(1178~1235)는 남송시대의 유학자로서 『대학大學』에 대한 해설서인 『대학연의』를 저술하였다. 이 책의 출판을 계기로 남송의 이종理宗은 1238년(端平 5)에 주자학을 관학官學, 즉 국가가 공인하는 학문으로 인정하였다. 그러나 진덕수의 책은 도덕적 수양을 강조함으로써 『대학』의 8조목 가운데 치국과 평천하에 대한 내용이 빠지게 되었다. 구준은 그런 결점을 보완하기 위해 『대학연의』를 보완한다는 의미로 『대학연의보』를 짓고 군주가 천하를 다스리는데 필요한 실용적 방안을 제시하였다. 다시 말해 『대학연의』가 수기修己를 강조하면서 그 방안을 제시했다면 『대학연의보』는 치인治人의 방책강조하고 제시하였다. 군주의 입장에서 구준의 책은 구미가 당길 수밖에 없었다. 구준이 10여 년에 걸쳐 이 책을 저술하여 황제 효종孝宗[홍치제]에게 바치자 효종은 읽어본 후

〈사진 4〉『대학연의』

에 칭찬하면서 어제서문御製序文을 붙이고 1488년(弘治 원년)
관에서 출판하도록 명령했다.

이 책은 조선에 신속하게 전해졌다. 중국에서 책이 간행
된 지 6년이 흐른 1494년(성종 25)에는 조선에서 자체적으로
『대학연의보』를 간행할 정도였다. 군주와 사대부들은 많은
관심을 갖고 이 책을 읽었다. 중종 때는 약 35년(1508~1543)
에 걸쳐 경연經筵의 교재로 활용하였다. 영조는 『대학연의
보』를 소대召對8)의 강론 교재로 활용했다. 영조 스스로 이
책의 내용과 의미에 대해서 상당한 지식을 쌓고 있었던 것
이다. 영조는 또 훗날의 정조를 원손으로 책봉하고 나서 강
학 교재로 『대학』을 지정하였다. 그리고 원손의 학업 성취

---

8) 經筵의 參贊官 이하를 참여시켜서 임금이 스스로 글을 강론하는 것.

〈사진 5〉 『대학연의보』

도를 시험하기 위해 직접 대면하여 『대학』의 내용을 질문
하고 답변을 듣기도 하였다.

『대학』에 대한 이해가 깊어지자 (원손 시절의) 정조는 자연
스레 『대학연의보』도 읽어 나갔다. 정조는 즉위한 지 2년
무렵에는 이 책을 손수 베꼈으며 또 1781년(정조 5)에는 수
시로 펴놓고도 싫증을 내지 않고 그 가운데서 긴요한 구절
을 가려내어 늘 볼 수 있는 자료로 삼으려 했다. 정조는 『사
고전서간명목록』이 출간·입수되기 훨씬 이전부터 『대학연
의보』를 탐독하고 있었던 셈이다. 조선후기 당쟁으로 인한
혼란과 부패, 군주권의 약화라는 정치적 취약점을 탕평책
으로 극복하려했던 (영조나) 정조의 입장에서는 치인治人, 즉
치국治國과 평천하平天下의 구체적 방안을 제시한 『대학연의

보』란 오랜 가뭄 끝에 내리는 단비와 같은 것이었다.

그러나 정조가 『대학연의보』의 모든 내용과 주장을 가감 없이 받아들이지는 않았다. 가감이 필요한 이유는 구준이 살던 명나라 중기와 정조가 살던 조선 후기는 군주권의 강약을 기준으로 살펴볼 때 무척 다른 시대였기 때문이었다. 명나라에서는 주원장이 개국한 이래 황제의 강력한 전제권력이 제도적으로 확보되었다. 신하들은 황제의 수족노릇에 만족할 수가 없었다. 관료들은 황제의 권력독점을 타파하고 권력을 나누어 황제와 관료 즉 군주와 신하가 함께 통치하는 것을 지향했다. 이런 군신공치君臣共治 사상이 『대학연의보』에 담겨 있었다. 정조로서는 당연히 군신공치 사상을 받아들이기가 어려웠다. 정조의 입장에서 볼 때 당시 조선의 정치계에서 풀어야할 숙제는 강력한 왕권 문제가 아니었다. 오히려 상대적으로 허약한 왕권王權과 강력한 신권臣權의 갈등과 충돌에서 빚어지는 모순이었다. 정조는 강력한 왕권을 구축하여 그 해답을 찾고자 하였다. 정조에게는 『대학연의보』에서 제시한 치국과 평천하의 구체적 방안은 참고할만한 가치가 있었지만 군신공치라는 정치적 지향성은 받아들이기 어려웠다.

그래서 정조는 1799년(정조 23)에 근신近臣들의 도움을 받아서 자신의 정치적 입장을 정당화하는 『대학유의大學類義』

를 편찬·간행하였다. 이 책에서는『대학연의보』의 내용과 장점에 대해서는 그대로 수용하고 있지만 구준이 역설했던 군신공치의 주장은 빠졌다는 것이 내용상의 가장 큰 특징이다.

21권으로 구성된『대학유의』의 체제를 정리해보자. 이 책에서는 군주의 다스림에 필요한 핵심 내용을『대학』의 팔조목八條目에 따라서 ① 격물치지지요格物致知之要, ② 성의정심지요誠意正心之要, ③ 수신지요修身之要, ④ 제가지요齊家之要, ⑤ 치국평천하지요治國平天下之要라는 다섯 부분으로 나누었다. 그리고 책의 첫 부분에서는『대학』을, ①에서 ④까지는『대학연의』를 ⑤에는『대학연의보』를 배치하고 있다.『대학유의』는『대학』과『대학연의』와『대학연의보』라는 3권의 책을 하나로 합본하여 정조가 통치에 필요하다고 판단한 부분만을 발췌·정리한 책이다. 그런데『대학유의』21권 가운데 15권이『대학연의보』를 배치한 ⑤부분에 할애되고 있어서 정조가 쏟는 관심의 향방이 어디에 놓여있는지 알 수 있다. ⑤부분에는 구준의『대학연의보』가운데 군주의 다스림에 귀감이 될 만한 내용을 정조가 직접 뽑아서 기록한 내용이 담겨 있다.

『대학유의』의 내용상 특징을 정리하면 다음과 같다. 첫째, 군주중심의 정치와 왕권강화를 강조하였다.『대학연의보』에서 강조되는 교화와 예치禮治의 주체로서 신하들의 역할을 모두 삭제하고 군주와 왕실에 관계된 사항만을 발췌하여 강조하였다. 둘째, 주자학을 중시하지만 그것이 절대적인 가치를 지닌 것으로는 인정하지 않았다. 『대학연의보』에서 강조되는 예치라든가 도교와 불교를 이단시하는 내용 등을 모두 삭제한데서 이런 입장을 엿볼 수 있다. 도교와 불교는 물론 양명학까지도 섭렵했던 정조의 지적인 성향에서 비롯된 현상으로 보인다. 셋째, 예와 덕에 따른 통치를 인정하면서도 형벌과 법의 효용과 가치를 적극적으로 인정하였다. 『대학연의보』에서는 군주의 통치에는 예와 법이 함께 사용되어야 한다는 주장에 그치고 있다. 반면에 『대학유의』에서는 한걸음 더 나아가 법가法家와 법치法治의 필요성을 더욱 강조하였다. 넷째, 중국 중심의 가치관에서 벗어나 조선의 자주적인 가치관을 담았다. 『대학연의보』에서 위만조선衛滿朝鮮이라 한 것을 위만衛滿을 삭제하고 조선朝鮮으로 칭한 것에서 이런 지향성을 엿볼 수 있다.

중국에서 전래한 서적들을 조선에서 간행할 때는 원본의 내용 그대로 따르는 것이 일반적인 관례였다. 그러나 『대학유의』는 『대학』이나 『대학연의』, 그리고 『대학연의보』를 그대로 받아들이지 않고 정조가 정치적 입장에 맞게 취사선택하여 간행했다. 정조가 사서 중 하나인 『대학』을 취사

선택한 사실은 의미심장하다. 조선의 현실에 맞추어 유교 경전을 재해석하는 열린 태도를 취하고 있는 것이다. 정조의 이런 자세는 조선 중화주의라든가 실학과 같은 조선후기의 새로운 사상적 학술적 흐름과도 맥락을 같이한다.

4. 『무영전취진판정식』과 조선인 후예 김간金簡

『무영전취진판정식武英殿聚珍版程式』은 사고전서관 부총재였던 김간金簡이 1776년(건륭 41)에 간행한 책으로 나무활자로 인쇄하는 방법을 구체적으로 제시하여 목활자인쇄에 관한 교과서라 할만하다. 이 책에 제시된 기술적 방식에 따라서 인쇄한 책이 『무영전취진판총서』이다. 무영전은 청조의 관찬도서官撰圖書를 간행하는 관청인 수서처修書處(內務府 소속)가 있던 곳이었다. 취진聚珍이란 말의 의미는 활자活字라는 뜻이다. 원래는 활자라는 말이 쓰였는데 건륭제가 이 말이 아름답지 못하다고 해서 취진이라는 말을 대신 사용하도록 명령했다. 이후 중국에서는 물론 조선과 일본에서도 취진이라는 말이 사용되기도 했으나 활자라는 말을 완전히 대체하지는 못했다. 정식程式이라는 말은 양식樣式, 일정한 격식格式이라는 의미이다. 따라서 『무영전취진판정식』이라

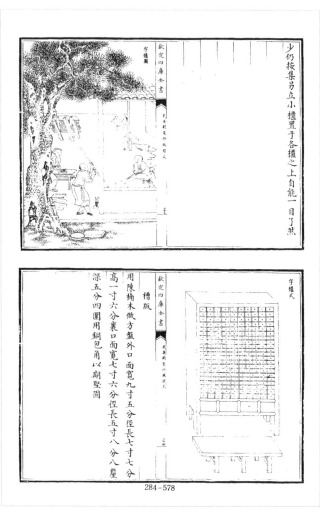

〈사진 6〉『무영전취진판정식』

는 책이름은 '무영전에서 [나무]활자판으로 [책을] 간행하는 격식'이라는 뜻이다.

당시 책 인쇄 방식은 대체로 다듬은 목판에 칼로 글자를 새기는 목판인쇄였다. 그리고 청조에 들어와서 궁중에서는 구리활자를 사용하여 인쇄했다. 『고금도서집성』도 구리활자로 인쇄했다. 그런데 건륭황제 시절에 무영전의 구리활자창고에 보관된 구리활자와 활자를 식자植字하는 구리판을 사용할 수가 없어졌다. 그 까닭에 대해서는 화재로 인한 훼손이라거나, 당시 동전이 귀해서 도난당했다거나, 글자를 보관하던 관원들이 업무가 귀찮아서 활자를 녹이자고 건의하여 녹여버렸다는 등의 여러 가지 설이 있으나 어느 것도 확실하지는 않다. 구리활자를 사용할 수 없게 된 상황에서 책을 출판할 수 있는 방법은 목판인쇄 혹은 나무활자를 사용한 인쇄 방법이 있었다. 물론 일일이 필사하는 방법도 있었는데 실제로 7질의 『사고전서』는 모두 필사본이다.

사고전서관 부총재였던 김간이 책의 출판 방식으로 택한 것은 나무활자를 만들어 인쇄하는 것이었다. 중국의 인쇄 기술은 목판 인쇄, 나무활자 인쇄, 금속활자 인쇄 순으로 발전해 왔다. 청초에도 이미 구리활자를 사용하였으나 건륭연간에는 이것이 없어져서 새로 만들기에는 시간과 비용이 지나치게 많이 들어갈 것 같았다. 목판 인쇄 역시 필요로 하는 시간이나 비용을 감안한다면 만만한 일이 아니었다. 김간이 보기에 나무활자 인쇄는 시간도 비용도 모두 절약되는 방식이었다. 또 인쇄상태가 무척 깔끔하고 글자도 정교하며 아름다웠다. 그는 이런 견해를 『무영전취진판정식』 속에서 표현하였고 건륭제는 그 의견을 수용하여 나무활자로 『무영전취진판총서』를 간행하도록 허락하였다. 물론 인쇄술의 발달 단계를 살펴보면 구리활자로 인쇄하기 이전에는 나무활자로 책을 인쇄하는 방법도 성행했다. 원나라 왕정王禎의 『농서農書』에 실린 '조활자인서법造活字印書法'은 나무활자 인쇄 방법을 소개한 것으로 송원시대에 나무활자 인쇄가 성행했음을 보여준다.

『무영전취진판정식』은 [대취]나무활자와 인쇄 도구의 제작 및 인쇄 공정을 14개 항목으로 자세히 분류하였고, 나머지 항목에서는 열흘간의 표준작업량을 제시하였다. 그 내용을 살펴보면 이렇다. ① 성조목자成造木子: 활자용 목재 만들기. ② 각자刻字: 활자에 글자 새기기. ③ 자궤字櫃: 나무활자 보관용 상자. 한약방 약장처럼 생겼는데 200개의 활자 보관용 서랍이 있음. ④ 조판槽版: 조판용 사각틀. 이 틀 속에 투격套格이 들어감. ⑤ 협조夾條: 활자가 좌우로 넘나들지 않도록 투격 안에 세로로 끼우는 막대기. ⑥ 정목頂木: 투격의 활자들이 흐트러지지 않도록 투격의 빈 칸에 끼워서 고정시키는 막대기. ⑦ 중심목中心木: 페이지[葉]의 좌우를 분간하기 위해 한 가운데 즉 10칸 째에 끼우는 막대기. 여기에 책이름, 페이지[葉]수를 새긴 것이 판심版心. ⑧ 유반類盤: 수십 개의 막대기를 세로로 꽂아 공간을 분할한 후에 그 공간마다 자궤字櫃에서 꺼낸 활자들을 넣어두는 사각틀. ⑨ 투격套格: 조판槽版 내부에 끼울 수 있는 크기로 제작된 사각틀. 여기에는 18개의 협조夾條가 꽂혀있다. 모두 19칸인데 그 한가운데 즉 10칸 째가 판심. ⑩ 파서擺書: 각 페이지[葉]의 내용에 일치하는 나무 활자를 자궤에서 가려내어 유반에 둔다. 문장과 일치하도록 활자를 조판 안의 투격에 심는 작업. ⑪ 점판墊版: 파서한 후 투격 안에 심겨진 활자들의 높낮이를 맞추는 작업. ⑫ 교대校對: 점판한 후에 투격에 먹물을 묻혀 한 장을 시험 삼아 인쇄하여 오자와 탈자를 바로잡아 교정하는 작업. ⑬ 쇄인刷印: 투격에 먹물을 묻혀 필요한 분량만큼 인쇄하는 작업 ⑭ 귀류歸類: 인쇄가 완료된 후에 투격의 활자를 꺼내어 검사하고 유반에 담는다. 그것을 다시 분류하여 자궤의 원래 서랍 안에 넣어 두는 작업. ⑮ 축일윤전판법逐日輪轉辦法: 열흘[당시의 노동 반복 주기. 지금은 일주일] 동안의 표준 작업량을 제시한 것. 열흘 동안의 표준 작업량은 파서 120판版, 귀류 72판, 쇄인·교대·점판 각각 12판으로 제시되어 있다.

　『무영전취진판정식』에 제시된 14개 항목은 크게 세 부류로 나눌 수 있다. 첫째는 인쇄를 위한 기초 준비 단계이다. 인쇄의 가장 기초가 되는 활자活字 제작과 각자刻字에 대해 언급한 ① 성조목자, ② 각자 부분이 여기에 해당한다. 둘째는 인쇄 도구의 규격이나 쓰임새에 대해 설명한 부분이다. ③ 자궤, ④ 조판, ⑤ 협조, ⑥ 정목, ⑦ 중심목, ⑧ 유반, ⑨ 투격이 여기에 속한다. 셋째는 식자에서 인쇄, 조판의 해체에 이르는, 본격적인 인쇄와 마무리 작업이다. ⑪ 점판, ⑫ 교대, ⑬ 쇄인, ⑭ 귀류가 여기에 속한다.

필자가 보기에 『무영전취진판정식』의 특징은 두 가지이다. 첫째는 각 항목마다 도판을 제시하였다는 점이다. 성조목자도成造木子圖를 비롯하여 모두 16장의 그림을 각 항목에 삽입하여 독자들의 이해도를 높여주고 있다. 그런데 마지막 열여섯 번째 그림 파서도擺書圖가 여러 사람이 공동으로 파서擺書하는 원경遠景을 그린 것과 첫 번째 성조목자도 원경에 대한 세부 그림인 목조동루자식木槽銅漏子植 두 장(이것도 그림은 두 장이나 제목은 동일하여 한 장의 그림으로 볼 수도 있다)이 배치된 것을 제외하면 나머지 12장의 그림은 한 쌍씩 같은 주제로 원경과 세부도로 배치되어 있다. 예컨대 ② 각자 부분에서는 각자도[遠景]와 각자목상식[細部圖], ③ 자궤 부분에서는 자궤도[遠景]와 자궤식[細部圖]으로 그림을 배치하고 있다. 원경에서는 사람들이 해당 도구를 가지고 작업하는 모습이 그려져 있고 세부도에서는 사람은 없고 해당되는 도구만 자세하게 그려져 있다. 『무영전취진판정식』은 해당 항목을 일차로 문자文字로 설명하고, 이차로 포괄적 개념의 원경도를 제시하여 문자로 이해하기 어려운 부분을 시각적으로 이해하도록 돕고, 삼차로 원경도에서 자세히 볼 수 없는 인쇄 수단에 대한 세부도를 제시하여 독자가 조그마한 의문이라도 품지 않도록 배려하고 있다. 글과 그림을 절묘하게 조합함으로써 복잡한 인쇄공정을 눈앞에서 보는 것처럼 생생하게 재현해내는데 성공하고 있다.

두 번째 특징은 표준작업량을 제시하였다는데 있다. 인쇄 기술상의 특징을 지적하는 사람도 있으나 실제로 이 책에서 언급하는 나무활자 인쇄의 순서는 당시의 일반적인 나무활자 인쇄의 순서와 다를 바 없다. 또한 선명한 인쇄의 품질을 기술상의 진보로 지적하고 있으나 그것은 고용된 장인匠人들의 숙련도를 반영한 것일 뿐 기술 진보와는 관련이 없다. 오히려 이 책의 특징은 당시 인쇄 공정에서 열흘 단위로 수행할 수 있는 표준작업량을 구체적인 수치로 제시하였다는데 있다. 이런 작업량을 달성하기 위해 투입하는 인력은 이 책의 첫 부분인 「주의奏議」에서 12명으로 산정하고 있다. 김간의 추산으로는 열흘 동안 파서擺書 120판, 귀류歸類 72판, 쇄인刷印·교대校對·점판墊版 각각 12판을 작업하는데 12명이면 족하다는 것이다. 이를 한 사람이 열흘 동안 작업하는 분량으로 환산해 보면 가장 시간이 오래 걸리는 파서는 12판, 그보다는 수월하여 시간이 덜 걸리는 귀류는 7.2판, 가장 신속하게 처리할 수 있는 쇄인·교대·점판은 각각 1.2판이다. 다시 이를 한 사람이 하루에 작업하는 분량으로 환산해보면 파서는 1.2판, 귀류는 0.72판, 쇄인·교대·점판은 각각 0.12판이다. 뭉뚱그려서 계산하면 한 사람 당 하루에 2.28판의 작업을 해야 한다. 이만큼의 작업을 하려면 실제로 얼마만큼의 시간이 필요할지 정확하게 계산하기 어렵다. 하지만 작업의 난이도를 주목해보면 가장 복잡하고 정확성을 요구하는 파서가 전체 작업 분량의 절반을 약간 넘는다. 하루의 노동 분량 가운데 절반의 분량은 까다롭고 힘들어 정신을 집중해서 처리해야 하는 일이라는 것이다. 기술 습득 수준이 낮고 정신을 집중하는 일이 서툰 미숙련공으로서는 감당하기 어려운 측면이 있다. 김간이 설정한 열흘간의 표준작업량이란 숙련된 장인들의 능숙한 손길을 전제로 해서 계산되었다.

이 책의 저자 김간은 만주로 건너간 조선인의 후예였다. 평안도 의주에서 살던 그의 선세先世 가운데 후금으로 건너간 사람은 증조부 형제 네 사람이었다. 그의 증조부는 네 형제 중 셋째 삼달리였고 맏이는 김여규(만주식 이름은 신달리)였다. 이들 형제는 가족들을 이끌고 1627년(후금 홍타이지 천총 원년)에 압록강을 건너 만주로 갔다. 동기가 분명하게 밝혀진 바는 없으나 정묘호란을 전후한 혼란기에 만주로의 귀화를 단행했다. 신달리의 형제와 가족들은 팔기八旗에 배속되었다. 이들은 청이 중국을 정복하는 과정에서 전공을 세우고 전사자도 배출하면서 대대로 벼슬을 살았다. 이들 가운데 삼달리의 증손자 김간과 신달리의 손자 김상명金常明이 가장 현달한 인물들이었다. 김상명은 강희·옹정·건륭 세 황제를 섬기면서 궁궐 안의 경호를 책임지는 정1품 영시위 내대신領侍衛內大臣, 황실의 대소사를 총괄하는 정2품의 내무부 총관內務府總管 등을 역임한 황제의 최측근이었다. 김상명은 연잉군(훗날의 영조)의 세제世弟 책봉이나 인조반정 변무辨誣 외교에서 조선의 입장을 시종일관 옹호하였다. 그의 7촌 조카이자『무영전취진판정식』의 저자인 김간은 호부시랑(1774년, 건륭 39), 공부상서(1778년, 건륭 43), 이부상서(1792년, 건륭 57) 등의 최고위 요직을 두루 거친 당대의 권신이었다. 그의 누이동생인 숙가황귀비淑嘉皇貴妃 김씨는 건륭황제의 총애를 받던 후비后妃로서 네 명의 황자를 낳았다. 김간도 김상명처럼 조선의 대청외교에 든든한 버팀목 역할을 해주었다. 그는 특히 정조正祖가 대청외교에서 봉착한 난제들을 해결하는데 결정적인 도움을 주었다.9)

〈그림 1〉 숙가황귀비 김씨

5. 청대 북경의 서점가

청대 북경의 서점가로서 주목할 만한 곳은 세 곳이다. 첫째는 명대부터 영업을 해오던 서점들이 밀집한 자금성 남쪽지역이다. 북경 내성內城의 남문인 정양문正陽門(즉 前門) 일

9) 우경섭, 「17세기 전반 만주로 귀부한 조선인들-『팔기만주씨족통보』를 중심으로」, 『조선시대사학보』 48, 조선시대사학회, 2009.

대가 바로 그곳이다. 이곳은 명대 북경에서 상업이 가장 발달한 지역으로 상인들이 전국에서 운반되어 온 물자들을 쉴 새 없이 판매하던 곳이었다. 번화한 상업구역의 한 부분에는 점포를 갖춘 대형 서점들이 밀집해 있었다. 절기나 종교적 축제일이 다가오면 대형 서점들의 주변에는 수많은 책 노점상들이 모여들어서 책을 판매하였다. 이들 역시 이곳의 서점가를 활기차게 만드는 데 기여하였다. 청대에도 이곳의 책시장은 지속되었다.

둘째는 청대에 새로 발생한 책시장이다. 이런 신흥 책시장은 세 군데에 있었다. 그 하나는 북경의 남쪽 선무문宣武門 인근의 자인사慈仁寺 일대였다. 이곳은 책 노점상들의 밀집 구역이었다. 종교행사나 축제, 혹은 정기시가 열리면 어김없이 책 노점상들이 모여들어 책을 판매하였다. 북경의 책시장 특히 책 노점은 열흘에 세 번 혹은 네 번 열리는 정기시장, 종교 행사나 축제와 시간적으로 겹쳐서 발전하였다. 시장이 열릴 때나 종교행사, 축제 때는 사람들이 많이 몰려드는 시기였으므로 책 노점상들은 몰려드는 손님들에게 책을 팔 수 있었다. 그런데 자인사 일대에서 책시장이 발달하게 된 원인은 종교행사나 축제와의 관련성 이외에 청조의 만주족과 한족의 주거분리 정책에서도 찾을 수 있다. 청조는 북경을 점령한 후에 내성內城에는 만주족만 거주할 수 있도록 하였고 외성外城에는 한족이 거주하게 했다. 한족 관원이나 지식인들은 모두 부득이하게 남쪽의 외성으로 이사 갔다. 자인사는 한족의 관원이나 지식인이 많이 이사 간 지역의 사원이었다. 책의 수요자인 관원과 지식인들이 자인사 일대로 이사를 가자 자연스레 자인사를 중심으로 책시장이 발전하게 되었다. 이곳의 책시장은 1679년(강희 18)에 발생한 지진으로 인해 이 일대가 폐허로 변하면서 점차 시들어 갔다.

다른 하나는 만주족 거주지역인 내성의 동쪽 융복사隆福寺 일대였다. 이곳에는 만주 황족과 귀족들이 많이 거주하였다. 1723년(옹정 원년)에 옹정제는 명대의 황실 사찰이었던 융복사를 대대적으로 중건하면서 자신의 정치적 정통성을 과시하였는데 이때부터 일대가 급속히 발전하였다. 매달 9, 10일에 열리는 융복사의 묘회廟會에는 온갖 물건이 즐비하였고 그 일대는 번화함의 극치를 자랑하였다. 책 노점상들도 대거 모여들었고 그들이 팔려고 내놓은 책들이 땅바닥에 가득히 쌓일 정도였다. 여기서 수십 년에 걸쳐 지속적으로 책을 사모아서 엄청난 책을 소장하게 된 장서가도 나타났다.

마지막으로는 연행사절단들도 자주 들렀던 유리창의 책시장이다. 이곳의 책시장은 노점이 아니라 점포가 밀집한 구역이었다. 건륭 중반기인 1760, 70년대 무렵 유리창의 서점거리는 동서로 약 2리(대략 1㎞)에 걸쳐있었다. 동쪽 거리에는 23개 서점이 서쪽거리에는 7개 서점이 책을 팔았다. 고적古籍은 주로 서쪽의 서점에서 팔았다. 유리창 서점의 특이한 면모는 남방의 책상인들이 진출하여 영업했다는 점에서 찾을 수 있다. 남방의 문화와 지식의 중심지였던 장강 하류 지역의 상인들이 책 수요가 많은 북경에까지 진출하여 서점을 열었다. 유리창의 성요당聲遙堂·이유당二酉堂·선월루先月樓 등이 강남 상인이 경영한 대표적인 서점들이었다.

〈사진 7〉 오늘날의 유리창 거리

강남출신의 서적상들은 대운하를 통해 소주蘇州나 호주湖州 일대의 서적을 운반해 와서 유리창에서 판매하였다. 유리창의 일부 책상인들은 강남지역의 상인들만큼 활발하지는 않았지만 자체적으로 책을 간행하여 판매하였다. 유리창 서점에서는 특히 고증학 관련 서적을 많이 구비하였는데 북경에 온 외국 사신들은 이런 책들을 많이 구입해 갔다. 연행사절단 역시 고증학 서적을 비롯한 다양한 책들을 구입해 갔다. 이들은 중국에서 유행하는 학문의 경향을 조선에 소개하는 지식 전파의 첨병 역할을 담당했다.

참고문헌

『정조실록』.

김영진·박철상·백승호, 「정조의 장서인-규장각 소장 조선본을 중심으로-」, 『규장각』 45, 서울대 규장각한국학연구원, 2014.

우경섭, 「17세기 전반 만주로 귀부한 조선인들-『팔기만주씨족통보』를 중심으로」, 『조선시대사학보』 48, 조선시대사학회, 2009.

인문학시민강좌 07

동아시아의 문자와 책

ⓒ 인하대학교 한국학연구소, 2017 Printed in Incheon, Korea

1판 1쇄 인쇄 ∥ 2017년 7월 20일
1판 1쇄 발행 ∥ 2017년 7월 30일

엮은이__인하대학교 한국학연구소
펴낸이__홍정표

기 획__인하대학교 한국학연구소
　　　　주소__22212) 인천광역시 남구 인하로 100
　　　　전화__032) 860-8475
　　　　홈페이지__http://www.inhakoreanology.kr

펴낸곳__글로벌콘텐츠
　　　　등록__제25100-2008-24호
　　　　이메일__edit@gcbook.co.kr

공급처__(주)글로벌콘텐츠출판그룹
　　　　편집디자인__김미미 기획마케팅__노경민 이종훈
　　　　주소__서울특별시 강동구 천중로 196 정일빌딩 401호
　　　　전화__02) 488-3280 팩스__02) 488-3281
　　　　홈페이지__http://www.gcbook.co.kr

값 14,000원
ISBN 979-11-5852-155-4 04300
　　　978-89-93908-12-1 (set)